东京审判日记

梅汝璈 \ 著

九州出版社 JIUZHOUPRESS 全国百佳图书出版单位

图书在版编目（CIP）数据

东京审判日记 / 梅汝璈著 . -- 北京：九州出版社，
2025.4. --ISBN 978-7-5225-3882-2

Ⅰ.D995

中国国家版本馆 CIP 数据核字第 202585YV87 号

东京审判日记

作　　者	梅汝璈　著
责任编辑	沧　桑
出版发行	九州出版社
地　　址	北京市西城区阜外大街甲 35 号（100037）
发行电话	（010）68992190/3/5/6
网　　址	www.jiuzhoupress.com
印　　刷	北京旺都印务有限公司
开　　本	710 毫米 ×1000 毫米　16 开
印　　张	11.25
字　　数	91 千字
版　　次	2025 年 8 月第 1 版
印　　次	2025 年 8 月第 1 次印刷
书　　号	ISBN 978-7-5225-3882-2
定　　价	58.00 元

目　录

东京审判日记

（1946 年 3 月 20 日至 5 月 13 日）

1946 年三月廿日　星期三

今天的天气特别好，在华懋公寓十层楼的房间里起身推窗一望，只看见一片蔚蓝天色，衬着一个红亮亮的太阳。这是最近三星期以来的未曾有的景象。我自重庆来上海已经五个星期了。头两个星期，天天阳光普照，宛若仲春，近三个星期却霪雨连绵，沥沥不休，几乎连太阳的模样都忘记了。

为了免得清晨起身冒雨跋涉的狼狈，我昨天特地向美军总部在华懋公寓要了一间房间住宿。华懋公寓在旧法租界，俗称为十三层楼的洋房子，是上海摩天楼之一。日人占领期间曾征为军用，设司令部于其间。投降后，美军把它接收了，作为高级军官宿舍及招待宾客用。陆军运输司令部（A. T. C.）便设在公寓楼下。凡是搭军用机飞往日本或美国的旅客都要清晨七点半前到这儿，办理手续，再由司令部用汽车送往江湾军用机场。

华懋公寓虽然是上海一座最高的摩天楼，但是二十天来不断的淫雨，却使它坐了水牢，大门后厅都搭了很长的跳板，行人才走得过去。我昨日傍晚搬进来住时便感觉很大的麻烦。

但是，说也奇怪，一夜转来，不但雨停了，而且四周的水也都退光了。推窗一望，碧蓝天色日东升，大有仲春气象，和昨日阴雾重重的情景，大不相同。事虽出于偶然，它却使我内心中觉着十分愉快，格外兴奋。

由于昨晚与朋友，尤其是新自东京归来的向明思兄，谈话太多，睡得太晚，加上心里觉得航行起站既在楼下，必无误点之虞，所以醒来已经是七点钟了。

匆匆梳洗，连吃早点的工夫都没有，叫工役携着行李下楼时已经是七点半了。略办手续，站上人员便招待旅客到楼上去看一个影片，叫作旅客须知，影中映的是穿防护衣的步骤和飞机出事时旅客防卫及救护的方法。片子演了约十五分钟，画面和讲解得都十分清楚。美国人对于生命的重视真是"无微不至"，而他们办事之认真，科学化，于此可见一斑。

看完影片下楼，站员点名，旅客依次上他们预备好的大汽车。因为我的名字上有一个"法官"（Judge）的头衔，所以站员点名总把我派做第一个。这使那些美国军官感觉奇异，但是"法官"在外国人心目中是最受人尊敬的，尤其是在英美。它们是厉行法治的国家，法律至上，法官是再荣誉尊严不过的了。

但是这个中国法官，究竟是哪里的法官，他为什么到东京去——这是他们人人心目中的疑团。

在大汽车上，我们都默默无语。车行甚速，驶过上海一条一条拥挤的街道。有一个军官忽然发现了一件行李，挂着我的一张名片。他面部表情很镇静，但却很得意，好像一个侦探发现了一个案子的线索似的。我知道他想看我的名片，便故意把头向窗外注视，同时却留神他的动作。等我回过头来，他的表情更不同了，他似乎在告诉他的同伴，他发现了一种他们所不知道的秘密。对我，他更加尊敬，有礼，因为在他心目中一个盟军最高统帅部国际军事法庭审判官的地位是无上高贵、无上的尊荣了。我们谈了几句应酬话，在江湾下车时他帮我提行李，并招呼我上飞机，表示得异常亲切。

九点半飞机起飞了。我的肚子还是空空如也，连茶水都没有喝过一口，我有点心慌，然亦无可奈何。起飞前侍者叫我们把救护衣穿好；起飞十五分钟后，又叫我们把救护衣脱下，说危险时间已经过去了，我们都有点莫名其妙。

飞机是一架中型运输机，座位虽有四五十个，但是乘客只有十余人，不到座位三分之一。除了我和两个日本人外，其余都是美国军官，有的是到东京的，有的是到东京后再转回美国的。

那位青年军官坐在我旁边，我们此时已经是熟人，海阔天空，谈了许多。我的茶水问题也解决了。而且每半小时他就给我端一杯来。他的名字叫作麦克乐（McLeod），曾经毕业大学，而且在研究院读过一年法律。他秋间可以满役，打算继续读书。他被征入伍时不过是个普通士兵，经过几年的战争才升为下级军官。从他这一个例子看来，我们便可知道美国兵役办得何等"公平"，美国士兵和军官的教育程度是何等的高。

提起那两个同机的日本人，我很想知道他们究竟是哪一种的人。但是我始终没有发问，虽然他们表现很卑怯和蔼，很想和我接近的样子。因为，第一，同机的美国军官对他们很厌恶，轻视，至少冷酷的样子，我自不便表示亲近，虽然我仅是好奇而已。第二，纵使我去盘问他们，他们未必能用华语或英语答我，而我对日语又是一窍不通。但是我想，他们或许是反战分子或共产党人，如青山和夫、鹿地亘之流，否则他们哪会有坐美军用机而未受监视回日本的资格呢？（倘使是战犯，他们一定美军押解。）这一疑团，现在仍萦绕在我脑海中。

与麦克乐谈谈笑笑，有时从窗口俯瞰汪洋无边的大海，有时仰望蔚蓝的天空，时间过得真快，不知不觉已经到了日本陆地的上空，而且十五分钟便要到厚木机场了。侍者叫我们再把救护衣穿了起来。一会儿又叫我们脱了下来。不到两分钟飞机便降落下来了。这次飞行异常平稳舒适，天气又好，到站时才是四点钟。我感觉很幸运——这个在上海苦了三个星期雨的我。

飞机方才停稳，我和麦克乐正要握别时，忽然一个着上校制服的军官冲上来了，大声问哪位是"魏法官"。我猜想他是来接我的，便告诉他我是梅法官而不是魏法官，他说对的，我是来接你的，原来他把 Mei 记成了 Wei。又说昨天上海美军总部有电报到盟军总部，盟军总部特地派他来接。上校阶级在美国军队里已经是不小的阶级，加上这番话一说，更使全机的旅客惊异不置，同时也有点莫名其妙。究竟这个法官是什么法官？何以中国法官要跑到东京来？还受着这样隆重的欢迎？

这位上校名叫赫夫（Colonel Huff），原来是麦帅总部的交际主任或招待处处长之类，他跟随麦帅多年，身经百战，现在被派的却是一个送往迎来的轻松任务。

有赫夫上校照料，一切自然十分方便。我随他下机，踏上了日本的陆地，他的卫士和车夫替我搬行李，一切手续全免了，不数分钟我们的汽车便驶出了厚木机场向东京直驰了。厚木距东京还有四十二英里，公路穿过横滨的外围，所以在一个多钟头的旅程里，我看到横滨和东京被炸的情形。

我这时充满了好奇心，我注视公路两旁的景象和路上日本男女的表情。同时我不停地向赫夫上校发问——好像孔夫子入太庙一样，每事问。

赫夫上校的口才很好，加上他的情形熟，所以对我的问题都有使我感觉满意的答复。

我不能细写我这短程所见的一切，也记不起我向赫夫所问的是些什么。我的总印象是横滨和东京的工厂都炸光、烧光了。所谓庐舍为墟、一片焦土，我这时才体会到其真正的意义。

赫夫上校家住在马尼拉。他的家被日本人烧了，他指着那一个一个瓦砾废铁堆集的大广场说，我看到这些心里感觉愉快。我告诉他我的家在南京沦陷时也烧光了，我也有同样的感觉！

沿途所见的男人女人，他们的表情大不相同。男的每是低头徐步，好像不胜感触的样子，女的则昂首疾步，笑容满面，若无所谓。但是，无论男女，他们和我二十二年前在日本所见的已经太不相同了。孰令致之？这却不能不叫我们正要审判的那些战犯们负责！他们扰乱了世界，荼害了中国，而且葬送了他自己国家的前途。于此，可见一个国家没有大政治家的领导而让一班缺乏政治头脑和世界眼光的军人去横冲直撞是何等的危险！一个本可有所作为的国家而招致了这样的命运，真是"自作孽不可活"，这是历史上的一大悲剧，也是一大教训。

今天初踏上我们八年来浴血抗战的敌人的本土，感想很多，但是我的观察尚肤浅，所以不多说了。好在我在东京至少有四五个月的勾留，慢慢观察再下结论吧！

约五点钟（东京是六点了，比上海时间要早一个钟头）到了帝国饭店——世界驰名的帝国饭店。

帝国饭店原是盟军最高统帅部之所在，麦帅曾一度驻节其间，在我脑筋里定是一座耸入云天的大洋楼，至少可以与上海的国际饭店或华懋公寓并驾齐驱。哪知事实却与我所想象的完全相反。它一座古色古香，两层楼的"平房"，气象并不雄伟。现代设备虽亦应有尽有，但亦并不见得十分摩登、富丽。据说帝国饭店的最大好处是在它的建造可以抵抗地震。1923年东京大地震几乎把整个东京的房屋都震塌了，而帝国饭店却未受影响，孑然独存。在战前这座饭店据说是日政府用作招待外宾的地方，现在盟军统帅部大概将官以上阶级的重要职员都住在这里。

到了帝国饭店，赫夫上校便招呼经理摩理士（Lt. Morris）先生陪同上楼到 288 号房间。这是老早已经指定给我的房间。经理先生笑着说："这间房已经等了你近一个月了。从我们知道你到了上海起，它便在这儿等你。"

288 号是楼上顶东头的一间，地位很宽敞，事实上是三间：客堂、卧室和洗澡间，此外还有一个可以摆两桌酒席那么大的阳台和一个小阳台。空气很流通，在两面阳台上可以望见底下的街道和广场。至于内部的设备，当然是应有尽有。两个月来过着熙熙攘攘、紧张忙乱的生活的人，能够在这样的环境安静下来，自然很感觉着满意了。

我们三个人寒暄了约十分钟光景，我忽然想起我今晚必须见几位比我先到这里的中国人和其他各国的审判官。

摩理士经理此时提起电话替我去问。答案却使我很失望：我们的总联络官王淡如将军和来日考察的顾一樵博士一同到长崎视察原子弹的遗迹去了；澳国法官卫勃爵士因事回国去了，英、美、加、荷、新西兰五国的法官因为居东京太久，无所事事，已相偕到京都（即西京）去游览去了。这些人大都要二三天后才能回来。

我想起了外交部的刘增华先生和我国副联络官唐先生，摩理士先生便马上给我接通了电话，我约了他们晚间晤谈。

因为有点疲倦，我叫侍者把晚餐开到房间里来吃。饭后刘先生唐先生同一位戴先生来了。我们谈叙了约一小时。他们向我打听祖国的消息，我向他们问问东京的情形，不知不觉已经九点了。

他们三位走后，我草草地把行李整理了一下，洗了一个烫澡，便赶快就寝了。

三月廿一日　星期四

今天醒来已经是八点钟了。虽然昨晚因为太疲倦急于就寝，连电灯都没关，汽炉也没有调整，但依然睡了十个钟头，而且睡得很熟。这在平时是办不到的。

已到东京的几位法官既去西京游览去了，老同学王淡如将军顾一樵先生又不在此，刘唐各位昨晚又都会了面，所以我觉得今天没有出门的必要，好好地在屋里休息一天吧。

早餐、午餐和晚餐都是开到房间里来吃的。吃的东西完全是美国式，由美军总部配备，而且据说材料都完全是美国运来的。这笔经费当然是占领费的一部分，要由日本政府付给的。

这种餐的质量虽很不坏，不过每餐的菜都完全是规定，全体驻节东京的长官都是同样的，毫无变换选择之余地，这未免太单调了。看看今天的报纸——每天由总部赠送英文报纸两份，《星条报》和《日本时报》，前者是盟军总部发行的，后者是日本人发行的。

早餐后收拾了一下行李，在阳台上闲眺了一眺。不久，经理摩理士来了，寒暄几句客套之后，但问我房间的布置是否要有所改变，并且告诉我总部已经派定了一部 Sedan 轿车给我使用，车夫是美国军曹名叫 Wallace。我告诉他今天我不用车，叫他明天早上再来。

今天天气和昨天的一样的好，但是我整天都没有出房门一步，只是叫侍者做这样，做那样而已。

提起日本的侍者，无论男侍女侍，真是毕恭毕敬，礼貌周全达于化境。无论叫他们做什么，总是低声下气，唯命是从，而且总是笑容可掬，鞠躬而退。但是他们内心里是怎样想法，对战败的感想如何，对中国人的真正观念又如何，这些笑容后面的东西，我现在没有法子知道。

晚饭后，我想起要写家信，但是谁带去呢？想到这里，我内心中愤恨而又惭愧。日本占领已经半年多了，而中国还没有一个正式通信的办法！连在日本的中国官吏家信都无法寄递。这是何等的可憾！

我每天打一次太极拳的习惯已经有两年了。但是这三天却没有实行。晚间想起来了，于是便打了一套，洗个烫澡，十点钟便睡觉了。

三月廿二日　星期五

今天天气比昨天还要好，醒来推窗一望，天空连一片云都没有，阳光射遍了阳台，而且侵入到屋内地毯上了。春天大概是真的来了吧！

但是我要会的人都没回来，出去游览又没有向导，一个"日本通"的罗秘书又滞在香港，未及赶得上和我同来，我又要辜负这一天了。下了决心，其实是没有办法，我上午九时便打发车夫走了。我依然是在房里过了一天，三餐饭一顿茶都是送到房里来的。

我搬把椅子在阳台上，总算看了几个钟头书。这本书是在上海时那位由美国刚回国的陈廷霦先生送我的。是哈佛大学刑法和刑事学教授格律克先生作的，书名叫《战犯——他们的控诉和惩罚》（War Criminals：Their Prosecution and Punishment）。这本书对我当然是"得其所哉"，我该感谢陈先生。可是在上海，因为心绪不定和应酬太多，我一共只看了几十页。今天这样安静的环境，这样清闲的心情，不用说当然是我读书的好机会了。

除了坐在阳光底下读书之外，我不时望阳台底下闲眺，看看来来往往的日本男女和美国士兵。在街道上美国士兵和日本人很少接触，几乎没有一道儿并肩而行的。他们两者之间的态度说不上敌视，也说不上友好，亲善，只是彼此视若无睹，漠不相干的样子。这是我今天望望马路的肤浅观察，以后或许要修改。

今天我觉着奇怪的是日本男女的体格依然很强健，尤其年轻女子，一个个都是矮矮壮壮的而且红光满面。这与外国报纸所载，日人生活如何困苦，粮食如何不足，每日配粮如何微少，领款限制如何严格（每人每日只能领日元一百，等于官价美金约六元六角——官价每一美元＝十五日圆，但黑市则三十至八十不等），似乎有点不尽相符。假使那样的话，何以日人吃得会这样壮健，而且穿得也不坏——至少比我国一般人吃得穿得好——这是我脑筋里的疑团，我得研究。我想其中必有什么毛病。他们或许又在作伪宣传吧！

晚间接着一个电话，是住在我房下188号的麦克杜哥（E. Stuart McDougall）打来的。他是远东国际军事法庭的代表加拿大的法官。他说五位到西京去了的同事，他和美国法官今晚先回来了，其余三位明天晚上回来。

他急于要上来看我，我表示热烈欢迎。不到五分钟，他便上楼来。麦克杜哥是加拿大 Montreal 法院专管刑事案件的老法官，已经六十二岁了，但是形容并不见老。他不欢喜人家提起他的年纪，他是不服老的。他的态度非常诚挚，笑容可掬，说话颇带幽默感。他告诉我庭长卫勃爵士（Sir William F. Webb）因在日等得太久，现在因事回国（澳洲）去了，听说背部跌伤了，一时还不能回来。庭长已由麦帅指定由新西兰法官诺斯克罗夫特（Erima Harvey Northcroft）暂代。诺氏到日本也快两个月了。现在在东京的有六人，连我七个。依据法庭组织宪章，七个当然是多数——九分之七。但是国际事情还是大家一致的好，所以他预料法国的，尤其是苏联的法官来到以前，我们不会有多大的作为。他们几位虽然开过几次会，也不过是谈话会性质而已，除了讨论过卫勃爵士的诉讼程序规则草案，甚么事情都没有，无所事事，闲得有点难受。

　　我听了他这番话，一则以喜，一则以忧。喜的是我到得并不迟，还来得及参加法庭各种章则的草拟和公审前一切问题的商讨与决定。忧的是似此遥遥无期，真正工作不知何时才可开始。但是想到有的同事已经来此赋闲了一两个月，我又感觉我自己幸运了。麦先生谈了半个钟头便告辞回到楼下他自己的房间去了。我感谢了他的盛意，我们并约好明天上午一同到法院去视察。

今天总算见到了一个同事，而且知道了法庭的近况，心里觉着很欣慰。写日记，打拳，十点多钟便就寝了。

三月廿三日　星期六

盥洗早餐毕，我打电话到麦克杜哥房间声明我要下楼来访候他。在他房间谈了片刻，我们便一同出饭店乘他的车子到法院去，我的车子在后跟随，好认识途径。

法院即以前的陆军省，距帝国饭店不算很近，大约有十分钟的驶程。陆军省，即所谓"军部"，是日本侵略政策的发源地，也是重大战犯（军阀）的大本营。麦帅批定以这个地点为审判战犯的国际法庭，或许是"盖有深意存焉"。

陆军省的气象不能不算伟大，四周的围墙尤其森严，房屋建筑得虽不华丽，却是十分雄壮，内部外部都没有受到轰炸的影响。

我们进门上楼，麦先生引我到处参观——会议室，庭长室（即东条的办公室），各法官的办公室。每个法官都是两间，一间是供私人秘书用的，房间很大，地毯、窗帘、桌椅、挂画，都布置得十分华丽，光线特别充足，看了令人感觉心里舒服。我的办公室是在会议室的左手，介乎英国法官和加拿大法官之间，门口都挂着牌子，写着 The Honorable Mr. Justice 某某字样。英美人真重视法官，姓名之前总要加上"Honorable Mr.Justice"，至少一个"Judge"。

法庭的警卫设置异常周密，内外岗警戒备森严。每个法官的办公室都写着"不许入内"字样，必须通过他的私人秘书办公室才能走得进去。食堂、咖啡座、酒吧间都写着"闲人免进"，连厕所都挂着"进驻军专用，日本人立禁入内"字样。

麦先生引我到处视察，最后到法庭，这是军部大礼堂改造的，现在还没有完工，几十个日本工匠还在那里工作。这个法庭装建得确实伟大，气象十分雄壮。怪不得季南先生在上海时告诉我说，"除了美国大理院可以和它比拟之外，世界上任何法庭不能望其项背"。

大体参观完毕，麦先生又引我到美国法官办公室与希金斯先生相见。希先生据说只有五十二三岁，但头须苍白，看来至少像六十岁左右的样子。他当过美国国会议员，政治上很有名望。最近十几年，他却从事司法，任麻省高等法院院长。麻省是美国司法制度最好，出产法官最多的一省。希氏的法院有正式法官三十二人之多，这在英美是一个大得惊人的法院。希氏被选代表美国到东京来，据说是季南先生商请麦帅换聘的，希氏谈吐之间念念不忘他自己的法院。

辞别希先生，我便同麦先生一同回饭店。

午饭后我还是睡觉读书，及至麦先生邀我到食堂去晚餐。食堂里为法官们特别保留有一个桌子，而且男侍女侍，招待得特别周到。这个办法很方便，否则偌大食堂，进去了不免有无所适从之感。

晚饭后，我们在廊厅坐着闲谈。希金斯非常诚挚，开展，他说他内心真实地佩服中国，尤其是中国人的勇敢——抗战到底，决不屈服。他说中美是兄弟之邦，我们的友谊只有光大，决不会褪色。他说爱好中国、敬崇中国是美国一般老百姓的普遍心理，他说"我是代表一万万三千万人，不是代表我一个人"。

这样豪爽的谈吐，还是我几年来第一次遇见。

三月廿九日　星期五

今天气候又转晴和了。一起床打开报纸读，我发现日本时报又一篇转载拉铁摩尔（Owen Lattimore）先生的论文。拉先生是著名的政论家，又是远东问题的权威，曾任蒋委员长的政治顾问。他现在是日本赔款委员会的美国委员之一，最近曾亲到日本和中国考察。

他这篇文章的主意是在警告美国：管制若不得法，日本不出几年在工业上经济上又可东山再起，操纵或独霸远东，而使中国、朝鲜、菲律宾等工业幼稚的国家没有兴起和竞争的可能。他相信日本是在装穷装苦，实际他们并不匮乏，否则何以公民营养得那样壮健，体格依然比上海北平或朝鲜一般人民好得多呢。这点与我最近一周所见所感完全一样。他说，以日本工业技术根蒂之深固，倘使能够获得原料，它不但可能死灰复燃，而且可以独霸远东，使中国处于极不利地位。他说对付日本不能纯以美国的立场或眼光去看，而应当为远东经济落后的国家利益去打算。他主张盟军应禁止工业原料输日，同时应鼓励日本的土地改革（使佃户渐能成为自耕农），使日本农业生产增加，自给自足。这是一针见血之论，深获我心。我们应该大声疾呼，使盟国的管制方针不要失之毫厘，谬之千里，又铸成一个历史上的重大错误。

午前正在看书，接到楼下电话，顾博士和王将军已经由西京回来了。他们上来谈了他们西京参观各处情形，使我心向往之。西京是日本人物荟萃之区，受战事和轰炸影响最少。他们买了许多东西回来，邀我下楼去看。其中最宝贵的是仇十洲画的巨幅（约一方丈有奇）的会仙图，装裱保藏得精致绝伦，叹为观止。此外一幅仇十洲的美人图和两幅赵子昂的八骏图也都不坏。他们买了一装备得很富丽，长约三尺余的宝剑送我，并且举行了一个小小的"献剑典礼"。我说，"红粉赠佳人，宝剑赠壮士"，可惜我不是壮士。一樵博士说：你代表四万万五千万中国人民和几千几百万死难同胞，到这侵略国首都来惩罚元凶祸首，天下之事还有比这再"壮"的吗？我说，戏文里有"上皇剑，先斩后奏"，可现在是法治时代，必须先审后斩，否则我真要先斩他几个，方可雪我心头之恨！

我们谈笑了一会儿，便一同到饭厅午餐。餐毕约好三点半在王将军办公处（中国联络官总部）聚集，以便同到五点钟第八军军长艾其勃格（Eichelberger）将军在横滨私邸举行的鸡尾酒会。

我睡了一个午觉，醒来已是三点一刻了。赶快穿衣到中国联络官办公处去。

中国官员被邀出席艾将军招待会的有五位，连同罗副官一共六人，我们分坐王将军和我的两辆汽车，驶了一个多钟头，约五点钟才到横滨艾将军的别墅。

艾将军是在欧陆和太平洋身经百战、屡建奇勋的美第八军军长，威名赫赫，在美国陆军界是很有地位的。他现在的防区正是横滨东京一带。这次鸡尾酒会招待盟国高级长官和各界名流，不过是表示联欢和尽尽地主之谊而已。但是在东京，盛大的国际聚会并不很多，艾将军这次的招待会自然轰动全城，也算是大事一件了。

我们到达并不算迟，但是别墅里已经是贵宾盈室，济济一堂了。好在户外还有大坪草地，临着海滨，屋里装不下的宾客可以到海滨草坪上去闲眺闲谈。

王将军驻盟军总部自在菲律宾起到现在已经五年了，加上他又是西点军校的毕业生，所以到处遇着旧好新知，同学同班，大有左右逢源，应接不暇的样子。我一进门便被同事派曲克（Patrick）勋爵和代理庭长诺斯克罗夫特先生发现了。他们赶快迎了过来，要引我去给艾将军介绍。

顾博士是跟着我一道去见艾将军的,介绍时竟称谓为我的秘书。但是顾博士很感高兴,他说凡事要这样才办得通。他说:你现在在东京的地位异常隆重,面子很大,而且又有专车伺候。我正应利用你的种种便利去掩护和进行我的工作(他的工作是调查日本的工厂、资源、科学设备和日本文化教育的一般情形),以后人家问起,你就说是秘书好了。顾博士是一个很有风趣、乐于助人的人。我到东京后,他伴随照料,被人当作我的秘书已经不只一次了。我觉得他这个策略很对。倘使处处要摆出前任教育次长或中央大学校长的架子,结果是人家见了都敬鬼神而远之,势必到处碰壁,一筹莫展。这一点,我觉得是凡我出国做事的人们都应该体解而且效法的。

艾将军是一个约六十岁上下的人,个子相当高大,态度异常和蔼诚恳。他对我们的到会首先表示欣慰和感谢。次则谈到他到过中国两次,第一次是在民国九年,他任职于华北东北,和唐绍仪及李家敖(当时中东铁路督办)结交最深,第二次是去年胜利之后,他周游全球到过上海。他对中国表示着真挚的热忱和希望。中美应该友好提携是两国的既定国策,美国高级人士自然了解,与他们谈论起来,必然会有这么一套的。

到的客人太多了。与我谈话的有不少是国际法庭检察处的干部和各国检察官，他们似乎都认识我，或许是我到东京新蓄的胡须容易做标记的关系。检察方面的人对于各国派遣的审判官自然愿意接近，而且工作上也有保持联系的必要，虽然照英美法系的理论上讲审判官与检察官的亲密是一件犯忌讳的事情。

此外我们还遇着两个著名的美国教育家和学者，一个是纽约大学校长史托达（Stoddard）先生，一个是经济学者安朱斯（Andrews）先生。史先生是最近麦帅邀请来日的美国教育家考察团团长，团员共有二十五人，任务是帮助盟军总部厘定日本今后的教育方针。他来日已经两星期了，预备后天返美，现在正忙于起草考察报告。他说改造日本的教育和思想实在是一个困难而复杂的问题，同时它又是最重要的一个问题。安先生是考察团团员之一，他也感觉要根绝日本的侵略思想和日人的优越感或走入歧途的危险，非从教育入手不可。史安两先生都是很有修养和学识的人，我们谈话非常亲切。他们对顾博士代表中国政府邀请他们游华非常感谢，但是因为时间和交通的关系，他们无法接受。他们希望将来能够组织一个专门到中国的考察团。我说那样最好，考察非要较长的时间不可，三五天是不会有大的收获的。这样勉强结束大家心里都有点窘的事情，彼此似乎都觉得相当满意。

鸡尾酒会上也遇见了几位苏联高级军官，他们是远东管制委员会的俄国代表。经介绍，彼此握手，寒暄几句。但在这天天报上满载联合国安全理事会大吵特吵，苏军并未退出东北，国共在东北到处冲突之际，似乎彼此间心里有着一层无形的隔阂，无法深谈的样子。不过我相信，中苏毕竟必须和善相处，将来这些隔阂一定有被打破的一日。

近六点，我们给主人道别，退出了鸡尾酒会。经过王将军一个日本旧雇员的家庭，我们顺便进去坐了一坐，看看日本家庭的情形。

回程走了一点多钟，到帝国饭店入食堂时已经快八点了。

饭后在 Lobby 遇着诺派两位，他们急于要告诉我说：艾军长明日要请我们六个法官坐他自己的飞机游览日本中部南部，包括富士山、广岛（原子弹炸后的情景）和樱岛火山（日本最大的活火山）。驾驶员是著名飞行家端纳（Col.Donnold）上校，艾军长的个人驾驶员。明天九点起飞，我们七点集合由帝国饭店动身到机场。艾军长届时会派副官来接，我们一点不必操心。他们还说：这是特殊的荣誉招待，也是游览日本的大好机会，不可失之交臂。这种机会正是我所期待的，当然不会放过，我满口答应了，我们同去柜上招呼明天早餐提前到六点半，并且开到各人房间里吃。

分手后，我回到房间里，写完日记便睡觉，因为明天要起大早。

三月卅日　星期六

　　今天是女侍来喊门的，开窗一望又是大太阳，天气太好了。梳洗早餐完毕，便同隔壁的诺先生一同下楼，派曲克、罗林已经在等了。我们四人坐上汽车，到飞机场已经是八点半了。

　　艾将军派了许多人在机场照料，此外还有两个陆军摄影员和一位新闻记者随我们一道同行。我们同他们寒暄了一阵，并与端纳上校周旋了一会儿，一到九点，他便请我们上机起飞了。美国人时间观念真准确，说九点便九点，这种精神到处可以表现。在中国人看来，这种几个人的游览飞行会要那样严守时刻，似乎未免太拘泥了吧。然而美国人的长处，也就在这些地方。认真便应该事事认真，不分大小。

　　我们坐的是 B-17 式的空中堡垒，名叫"爱梅二小姐"（Miss Em Ⅱ）号，是专供艾将军个人飞行用的，去年艾将军休假时周游全球便是坐的这架飞机，驾驶人便是端纳上校。端纳上校告诉我们艾将军很少以私机招待客人，这次邀请各位是特殊的优待。我们对他笑了一笑。

空中堡垒名字虽听了可怕，而且是用四个引擎发动，但是它内部容量并不大，正式沙发座位不过五个。但是各种设备却很齐全，收音机、电炉、沙发、睡椅……应有尽有，还有一小架艾将军爱看的书籍，其中有几本是小说。美国军人实在太舒服了，我有这样的感觉。

堡垒毕竟是堡垒，自起飞到降落始终是平平稳稳的，比起我自渝至沪的中航机以及自沪来日的美运机（A. T. C.）都舒服得多得多了。

我们自厚木机场（Atsugi）出发，在横滨上空绕了一周，横滨原是日本工业重镇，被炸被烧去了大约有百分之八十，现在残剩的几个烟筒似乎没有一个是在冒烟的。

由横滨我们绕过 Fuji 湾，看到那著名的富士山。它很像一个戴着一顶旧式中国风帽的老头子，风帽上堆满了雪。富士山是日本最高的山峰，一向被认为日本的徽记。绕了富士山，我们飞到了被炸惨重的名古屋（Nagoya）的上空。其情景和横滨差不多。不过毗连工业区的另一区域似乎未受轰炸多大的影响。我问艾将军派来随机招待我们的那位军官（忘其名），他说那是住宅区。于此可见美军作战的人道和飞行员投弹的准确。我希望他不是胡说。其实，事后听说那是造船工业区，是美军有意识地要保存的。

由名古屋我们又飞到了大阪（Osaka），在大阪上空绕了一下。这个城据我看来并不小于美国的芝加哥，想必也是一个工业重镇，但它被破坏的还不到三分之一。原因何在，我不了解。

由大阪飞到西京（即京都）上空，西京几乎完全没有受轰炸的影响，丝毫破坏的痕迹都看不出来。据说西京是文化城，故盟军不炸它。原来如此，怪不得顾博士、王将军，以及我们那些法官同事，前几天从西京回来都异口同声地说西京这样好、那样好哩！

由西京我们飞到神户（Kobe），神户破坏之烈似乎较之横滨和名古屋有过之，无不及。

由大阪我们经过 Akashi 和 Awajishima 许多小岛，直到广岛去看原子弹的威力。这是一段相当长的飞时，我们时而在陆上，时而在水上，飞机也多少有点波动，至少不如完全在陆地上空时那么平稳。我们俯瞰那些小岛起伏，非常有趣。看陆地则田亩纵横，非常整齐，好像用墨线画的似的，不是四方形，便是长方形，而且大小差不多都是一样。这与我国田亩界线的凌乱自然完全不同。

我是对日本毫无研究的人，但是看了日本田亩农村的情景，有几个观感：一、日本农人必定很勤苦耐劳，他们几乎把山崖以及任何可以耕种的地块都耕种了。二、日本政府对农民一定管理榨取得很严，并且必经过一次田亩重整，否则田亩面积大小，境界的挺直整齐，不会那么一致。三、日本虽然口口声声宣传地瘠人多，人口过剩，以为侵略他国的借口，但是我们天空看看他们的成千万农村，便可知道他们农民的生活比我们中国农民舒服多了。他们住的是低小的洋房，有玻璃窗户，有地板，四周大都有木栅，花草园地。他们穿的也不坏，农民身体都很壮健（吃的什么，飞机上当然看不到）。这比我们中国一般农民的生活水准已经高强得多了。这还是经过多年战事的情形，倘使国家不从事侵略，安分守己，军阀不拼命榨取他们，我想日本农民的生活是不成问题的。反观我们，那倒真是问题严重哩！

从飞机上看广岛，真是一片瓦砾，几十方里面积的高大建筑夷为平地，而且成了不毛之地。偶尔也有几栋高大建筑物存在，但内部空空，只是一个架子而已。此外都是一片焦土，连一根树木或青草都看不见。想不到一颗鸡蛋大的原子弹会有这样的威力。假使果有第三次世界大战发生，我想人类或许真的会全部毁灭。

关于原子弹威力的传说，我们在飞机里谈许多，如同在几十里外的瞎子变成了光子，光子变成了瞎子，公鸡变得会生蛋，多年不孕的妇人变成会生孩子了。我想，这些都未尽可信。不过姑妄言之，姑妄听之罢了。

看完广岛，我们谈谈笑笑，经过了 Fukuoka，来了 Takushima，樱岛的大火山已经在望了。所谓火山，我们并看不见它真真的喷火，而只是看到从火山洞口喷出苍白的烟来。烟喷得很急而且很高（我想总有一万英尺以上），在天空旋转直上，蔚为壮观。我们的飞机绕着这块大烟，自上而下兜了五个大圈子，直到最低时，我们看见火山口好像在发怒似的，喷出火石来，而且愈低烟冒得愈急。在飞机绕圈的时候，大家都聚精会神地默默注视着，飞机离去时，各人都还继续极目注视，直到看不见为止。我们四个人都异口同声地认为是宇宙奇观，也是我们今天游览的最高峰。

这时已经快一点钟了，人有点疲倦，也有点饥饿。侍者取出午餐粮食来。吃过了午餐，大家都感困乏，除了偶尔从窗口望望之外，都入了休息状态，我简直睡着了，而且打了鼾。这是他们事后告诉我的。

看了樱岛火山过后，飞机已是取直径奔向归东京的路程。快到横滨的时候，我们看看时间还不到五点，便要求端纳上校到东京日本皇宫上空飞飞，让我们对天皇宫殿得到一个鸟瞰式的印象。上校应允了，驾着我们绕皇宫兜了一个大圈子。他们三位的感想如何，我不知道。对我这在北平住过多年的人，这样的皇宫实在太不够味了。既不雄壮，又不华丽。它充满了山寨或碉堡的气味，好像其作用只是在防卫人民造反暴动或暗杀似的。

在厚木机场降落时已经是六点了，我们向端纳上校和各位招待的军官郑重道谢，驱车回饭店用膳时已经是七点半了。

日本原是一个面积很小的国家，我们今天这九个钟头不着陆的飞行，几乎看它全国的一大半，而且是些精华所在——尤其是富士山、广岛、樱岛火山和东京的皇宫。我们四人都感觉异常满意，饭后分手时一致地道了一声"End of a happy day"——快乐一日的结束。

回卧室不到十分钟，接着一个电话，是向明思兄从楼上他卧室里打来的，原来他今晚已随季南的专机由上海回到东京了，而且把我请求外交部的英文秘书方福枢律师带了来。我急快请他们到我房间来坐，大家欢叙了一番，谈谈国事和旅程。约半时，方先生的住所派定了，是在第一宾馆。他同一位向先生添聘的刘子健秘书便同到第一宾馆去休息了。

顾博士兴犹未尽，他请淡如、明思和我到日本酒馆去吃酒，大家又畅叙了一番祖国闲话，十点钟回店。我太疲倦，倒到床上便睡着了。

三月卅一日　星期日

今天又是大晴天，我推窗一望，满腔高兴，因为我已同淡如、一樵二人约好了下午去游热海温泉，并住在那里，明天回东京。

早饭后，淡如匆匆跑到我房里说，接到上海来电，远东管制委员会我国代表朱世明将军同随员一行约二十人，乘中国自己的飞机，今天下午三四点钟便可到厚木机场。淡如是总部中国在任联络官，他自然非在此欢迎照料不可。于是我们的热海之游，只好暂作罢论了。

上午一樵也来谈了一会儿天，明思也来坐了一会儿。他表示既有中国专机来，他愿随那专机回上海，我们表示挽留，他在东京工作得很顺利，得到许多宝贵材料，自己也有点依依不舍的样子。

我和明思请新到的方秘书刘秘书在帝国饭店吃午饭，饭后午睡了一小时。继之看报，作日记。到了四点，我和一樵同去厚木机场。至时已有许多人在那里，王将军是其中最忙的一个。

在机场约候了一小时，果然一架漆着中国国徽的飞机在空中盘旋了。这是有史以来第一架中国人驾驶的飞机降落在日本本土（战时我国曾有一批飞机到过日本散放传单，但未降落），值得纪念。

机停后，我们和朱将军握手寒暄了片刻，并嘉慰了驾驶员衣上校大队长一番。回饭店晚餐，饭后偕明思一樵在楼下"小剧场"看了一个影片。回房间洗个澡，十点半便睡觉了，朱将军到帝国饭店回看我们时，已经睡得很熟，连床头边的电话铃声都听不见了。

四月一日　星期一

今天天气依然晴和如旧。打开两份英文报纸一看，连朱将军一行人等乘中国专机抵日的消息一个字都没有，真是叫人愧愤，感慨。我们的情报和宣传工作实在办得太差了！昨天在机场迎接的连一个中国新闻记者都没有。又何怪今天外国报纸上一个字都不提。

早饭后，顾博士来，说他决定搭明晨的中国机回上海去了。这使我很着急，因为我是老早就打算要请他带一批信到中国去发的。提起中日通信，也叫人感慨万分。中国人在这里有这许多，日本投降也半年多了，而一个中日通信的正常方法都没有办出来。有的人来了两三个月，连一封家信都常收不到。除了托朋友代投之外，似乎没有第二个可靠的方法了。

一樵既然明天准走，我只有赶快写家信了。我刚写完了给父亲和婉如的两封信，李济之和张凤举（昨天随朱将军来的教育部代表）两位先生来了。我们同在饭厅吃午饭。下午我同一樵到银座去逛逛，预备买点东西送亲友。

四月十五日是我与婉如的结婚一周年纪念，转眼便快到了。人各一方，我得送她一个心爱的礼物。但是现在的日本，远非昔比，好东西委实不多。看来看去，最后是在三越吴服店（东京最大的百货商店）买了一颗象牙雕刻的红花。东西并不很好，价钱却不便宜。总算我把名片出示证明身份之后，他们没有要求我纳税，否则税的价钱比物的价钱还要多。一樵笑说"Honorable Justice"在东京的面子和威风真不算小！此外，我们还选购一些日本邮票、纸扇和玩具之类，以便送给国内亲友儿童做个纪念。

晚间朱将军请我们到他官舍去吃饭。官舍原是农林大臣的私邸，建筑很精致。朱将军行装甫卸，一切布置还未就绪。吃饭时，昨日同机来日的各位都在座上。晚饭后继续谈笑了一番，回饭店已经九点半了。

我赶快把送婉如的花和其他一些东西分别包扎好，又继续写了给孙院长、章老师、任瀛士、吴一飞、吴德生、戴毅夫诸友好的信。

把信札包裹拿到楼下一樵房里时已经是十二点了。一樵坚留我谈话，不一会明思又来加入，我们说到一点半钟，对国内的种种紊乱情形都不胜感慨系之，对战败的日本倒不胜其戒惧之心。在感慨重重之下，我们互道珍重，互祝努力而别。

四月二日　星期二

今天上午十时，远东国际法庭开法官谈话会。我想这是引方秘书到法庭去看看和绍介他和法官们和职员们见面的好机会。他九时半就到了，我们一同坐车到陆军省去，到时已是十点，先把他安置在我办公室旁边的一间个人秘书的办公室，我便到会议厅谈话会去了。

今天报告和讨论的事情并不十分重要。

报告的是麦帅对于派人赴纽伦堡欧洲国际法庭参观，认为时间来不及，不切实际。对于聘请三个译文仲裁员（裁判英日文件译文之正误）和被告每人应有的美国律师（约二十余人），已在积极物色之中。对于法庭请派书记长一名，麦帅表示同意并建议由美国底特律（Detroit）地方法院某法官充任。同事们认为他的资格太差，建议麦帅重派，同时法庭自己亦将物色。

讨论的是夏季天气问题——这确是一个严重问题，因为照现在这样的进度，公审五月内始能开始，我们非在这里过夏不可。他们都怕热，尤其加拿大的麦克杜哥。

的确，在近华氏九十度的气候之下，穿上法官袍服，对着摄影机的光线，房内又没有冷气设备，每日坐上几个钟头，那真是不好受的事情！

讨论时还有一位总部的医药卫生专家列席说明和被咨询。但是谈来谈去，仍无具体结果；但是大家对于老麦主张的七八月休假两个月都认为不合情理。最后，通过向总部建议速装冷气设备，并取缔电影继续不断的光线照射。同时大家认为提前到晨间开庭，以及周末有较长的休假旅行，也是必要的。

谈话会毕，我介绍方秘书与各国法官们以及法庭重要办事人员个别见面，握手寒暄。他们对他都表示欢迎，尤其是希金斯，态度最为诚恳。

回饭店午餐时，在食堂遇见余俊吉兄，他是绕美国赴欧洲就任驻意大使道出此间的。他刚刚从重庆来，谈笑风生，异地相逢，倍见亲切。饭后他急于赴厚木去上赴美的飞机，匆匆互道珍重而别。

午睡起身看报读书约三小时，并与季南通电寒暄片刻。六时我到酒吧与同事们闲叙，并约他们明日六时在我房内举行一个小小的鸡尾酒会，并允许他们准约王将军到场展览仇十洲的会仙图和其他艺术品，他们听了非常高兴。我们一同吃晚饭，饭后在走廊谈天，忽然有人报告说法国法官白拉德（M.Bernard）已经到了，我们推举代理庭长去访晤欢迎，并邀同下楼谈天。不一会儿，老诺悻悻而返，说白先生已经穿上浴衣正要洗澡就寝，只谈了几句话。他说白先生的英语他几乎不懂，将来开会很有问题。苏联法官的英语如何尚不可知，异日必然南腔北调，五花八门，煞是热闹。

谈笑快近九时，老派有点伤风，我们就此散了。我同老麦二人到小剧场遛了一下，因为映的影片太枯燥，我坐了不到十分钟便出来了。回到房间，补记日记，打了一套太极拳，洗澡睡觉。

抵日第二天起，我没有间断打拳，这是我可以引为欣慰的一件事。不过打的时间却没有准，大都虽在清晨，但也时常在深夜。就寝前运动或许不太合卫生吧。但是，我必不间断，尤其是因为地位关系，既不能到处乱逛游，而出门便是汽车，又没有多走路的机会。在这种情形之下，我这每天最低限度的运动自然要努力保持，况且我已经有两年的成绩了呀！

四月三日　星期三

今天上午约方秘书来饭店，我们共同逐条研究了一下远东国际法庭的宪章（Charter）。解释讨论之后，我交给他去译成中文。他这几天无事可做有点不耐，我想这件差事是够忙几天的了。方秘书确实是一个能刻苦用功的人，而且他的英文和法律知识都不坏。我想将来法庭正式工作开始之后，他一定可以给我许多帮助。

午饭前在酒吧间一看，法官们大家都在那里，新从法国来的白拉德先生也在座。他是一个五十岁左右的人，中等身材，戴眼镜，无须，镶有三四个金牙齿。他的英文说得很不好，但用力仔细听，还勉强可以听懂。他的态度很诚恳，和我所见过或一般人所想象的标准法国人或巴黎人的典型并不一样，我告诉他我十七年前曾游过法国并在巴黎小住过。他听了非常高兴，我们便开始谈起巴黎来了。大家谈得很痛快，把一点半钟（午餐停止时间）都过了。于是我们七个人鱼贯到饭厅用餐。因为我们在帝国饭店几乎形成了一个特殊阶级，特殊集团，管事人和侍者都另眼相待。所以时间虽过，而我们那张所谓 Judges' Table 的刀叉盘碗并未收拾而女侍们仍然是在那笑盈盈地迎候着。

日本的女侍真是温卑恭顺，总是笑容满面，鞠躬如也，尤其是对盟国朋友。这不知是日本女子的根性，还是多少带有几分"美人计"的作用。

吃完午饭已经两点半了，刚要午睡，经理室便来了一个电话，说麦帅总部派了一军官送了一封信来，要我亲自签字，问我可否让他上楼见面。我当然答应。不一会儿，军官毕恭毕敬地来了，把信交我，郑重其事地取出两张收条要我签字。

原来这信是盟军最高统帅部参谋长钱柏林将军（Maj. Gen. Chamberlin）给我的，措辞很客气。信上说麦帅抱恙多日，今日始到部办公。他很高兴知道我已经到了日本，希望我在日的旅居安乐。麦帅很愿早日有邀请我共餐晤叙的机会和荣幸，日期不日即将通知，特先奉告。

这固是一种应酬，但亦可见法治国家的人们对于法官是如何的尊敬和重视。

读了两个钟头书，五点半到了，王将军也来了。

他替我布置了一番，把房间座位摆好，冰水和点心预备齐全，并叫了三种酒——澳洲维士忌、日本酒和啤酒（可惜没有茅台、大曲、绍兴高粱之类，不然倒是别开生面了）。王将军把他的画也搬了来。

六点到了，除了美国老希因另有要约未来之外。其余的同事都到了。王将军是内行，替我招待得很周到。他讲解中国字画时，尤娓娓不倦，听者动容。会仙图在我国已可算是伟大的作品，在他们看来更是眼界大开，叹为观止了。

我们一面喝酒，一面谈画，不知不觉便到了七点半钟。大家下楼吃饭。饭后与明思兄又在淡如兄房里谈到十一点多钟。我们谈到国事，尤其是东北军事冲突和经济危机的严重，大家都不胜感慨系之。八年的惨重牺牲，刚刚换取到一点国际地位。假使我们不能团结一致努力建设，眼见这点地位就会没落了去。想到这里，真是令人不寒而栗。身处异国的人这种感觉最是灵敏，这类体会最是真切。想到这些事，我几乎有两三个钟头不能闭眼。

四月四日　星期四

今天上午十时同王淡如、向明思两兄去看朱公亮将军。我们只谈了谈房子问题，因为法官不能和检察官同住一起，所以明思兄非搬出帝国饭店不可。明思兄决定搬住淡如兄行将布置的家庭，据说王夫人月内也可自澳洲抵日。我则因为八国法官到住帝国饭店，而且形成了一个特殊集团，所以决定仍住帝国饭店。朱将军对此办法深表同意，并告我说如果帝国住不便，他随时都欢迎我过去与他同住，如果我要接家眷来，他也可以替我征用并布置房屋。我感谢了他的盛意。

朱将军是我国特派出席盟国对日委员会的总代表，也就是我国驻日的最高长官。国府主席给他的手令是除了远东国际法庭法官以外，我国在日的文武官员都归他节制。同时，他又是代表我国与麦帅总部交涉的唯一对手，我国在日一切军事、政治、经济、文化种种工作的展开都要靠他主持。这个工作是艰巨的，这任务是伟大的。他前天带来的工作人员不到二十人，据说还有第二批、第三批月内可到。我的日文秘书罗集谊先生不日也可抵日，但是法院工作既迟迟展开，一时尚无适当职务给他。我请求先让他暂时借调在对日管制委员会工作，朱将军欣然应允了。

因为明天开第一次盟国对日委员会会议，朱将军要从事准备，我们谈了半小时便辞出了。

明思兄告诉我，国际法庭检察处明后天有一个飞机去上海。我赶快回饭店写了四五封家信和朋友的信，其中有一封是给孙院长的，里面还附了拉铁摩尔的那篇大文。孙院长是最好读书而且最关心国际时事的人。这几年在重庆，他每读到好文章，总叫秘书打几份，分赠友好僚属。这可真算是"有文共赏"。我在重庆时，每一个月总要得他这类文章一两卷。我相信拉先生这篇鸿论，他一定会打了分送，甚至于交译发表。这样一来，事实上我不仅是送给他一个人看了。我深愿国内有识之士，对于日本和其可能的威胁，早有认识。

午后，摩理士经理来找我，他知道我在饭店里还有相当长期的住宿，而夏天已渐渐要到了，劝我趁这房间较空的时候（美国文化教育调查团刚回国去，空出了二十多间房来），选换一套较宽大较清静凉爽的房间。

我对 288 号原也未尝不满意。经他一说，我心动了。

于是，他便带我看了几套，最后我选定了朝东南靠花园的 256 号 suite。这个 suite 也是三间，一间大客厅，一间卧室，一间溆浴间。摆设用具都是两份，电话也是两个，客厅卧室各一，客厅里还有两大穿衣镜和一个用屏风遮好的自来水面盆，那是专供客人临时整容之用的。

这样一套间房（即一个 suite），我想若在上海的大旅馆，它的租金每天至少恐怕都要法币两万元。一个简任官员或大学教授的薪金，付一个礼拜的房金就光了，其他一切不必谈。想到这里，又是不胜感慨系之矣。我们的政治真是要破产了吗？难道政府真的要让中国的一切公教人员和知识分子都穷死饿死吗？人家战败国事事都有办法，至少在想办法。而我们这战胜国，号称"四强之一"的战胜国，竟是一筹莫展，真是叫人羞惭无地了。

四时到中国联络官办公处去看看这几天的电讯。（东京中央社收录发布的，这是除了那两份英文报所载者之外，我们可得到关于国内的唯一消息。）除了一些共军攻击某处，占领某处，和某人调长某省，某人调长某厅……之外，一件令人兴奋的事情都不曾有。乘兴而往，败兴而回。其实这是我早应料到的。

傍晚到酒吧间加入法官集团谈天，晚饭后偕淡如到饭店隔壁 Earnie Pyle 戏院看表演和电影。"将官特厢"是在二楼左角上，除了我们二人以外，一个旁人都没有，好像是我们的包厢一样。据说美国现在全日本的将官不到十个人，他们军官的阶级是很严格的，一个少将准将的地位已经很高，至于中将上将全美国也不过数十人而已。真正的陆军上将只有三个，麦帅是其中之一。此外二人为驰骋欧陆、战败德国的艾森豪威尔和驻节我国奔走调解国共纠纷的马歇尔。

"将官特厢"虽仅我们二人在座，但全院的观众太多（都是美国军官，日本人是不许进去的），水汀既热，空气也坏，我们没有看完便出来了。

回房间做日记，打太极拳，洗澡睡觉。

四月五日　星期五

今天上午方秘书来。我们讨论了一些宪章译文的名词问题之后，因为天气太好，便同乘车到神田町（那是我最爱逛的文化街）去逛书铺，兼在街上走走，晒晒阳光。今天的汽车已经换了黑色的。车前挂了一面漆有我国国徽的钢牌。司机 Wallace 开着新车很是高兴。

我们在文化街走过一个中华料理，规模尚大。我们进去休息了一下，主人是宁波人，年纪不过三十上下。他絮絮为我们谈战时日本情形和东京遭炸惨状。他说战时日人欺侮华侨，无所不用其极。胜利后，好得多了。他还说日人投降不久时，在街上遇见一个以前欺打过他的日本人，他把那家伙捉到餐馆楼上痛打了一顿，算是报复。我们保侨的工作还没有展开，华侨仍旧有许多不便之处。这事我得给朱公亮将军详细陈述一番。

文化街逛过，我们又开到银座，逛了松屋、三越等百货商店，货物少而且价钱贵，规模原来就不大，比起上海先施、永安、新新、大新等公司要差多了，劫后更是促狭，但是逛店的人确实拥挤。街道上也是人山人海。日人身体都很健壮，尤以青年女子为然。他们与美国兵好像若无其事，竟不知谁征服了谁的样子。这是麦帅政策的成功？还是失败？——让历史来下断语吧！

回饭店吃过午饭，小睡一会儿，明思淡如两兄带了李济之、张凤举、谢南光三位先生来谈，题目系美国管制日本政策的得失和我国应采取的态度。他们三位今天上午陪同朱将军列席盟国对日委员会第一次会议，所以感触特别深刻。他们说今天麦帅的态度很严肃骄傲，演词中力言其宽大政策的正确，痛斥外间无理的批评。致辞毕即离席，会议由美方副代表主持，苏方代表准备的提案，一个一个都受了打击。这又是美苏在现世界的各种矛盾和争执之一例证而已。

客人走后，我到酒吧间与同事闲饮闲谈，准备一同到检察长季南先生的宴会。

七点半我们去了，宴席是设在帝国饭店里面，所以对我们十分方便。被邀的除各国法官及检察官外，仅有几个记者和摄影师。

季南先生颇有政客作风，见到我便侃侃而谈他在中国游览的快乐和与蒋主席蒋夫人晤面的荣幸。他说麦帅叫他约我去吃饭谈天，他正在考量一个适当的时日。

在宴席上，他举杯依次为各国领袖致敬祝福，并为在座的各国法官和检察官介绍，恭维备至，十分慷慨，对我国代表尤表敬意。摄影师拍了好几个照，当然是为宣传之用。他虽谈笑风生，周旋如意，但对法官们所最关切的问题——起诉书何日可以正式提出（好几位法官已经等得不耐烦了）——却无一字涉及。这是法官们所最不满意的。

今晚到宴的有一位菲律宾的检察官，因为法庭宪章已经修改了，菲律宾和印度也可各派法官和检察官一人参加。以前法官九人是仅容纳日本投降书签字的九国代表，现在十一人则包括一切参加华盛顿远东委员会（Far Eastern Commission）的国家了。

苏联的法官还没有消息，现在更要多等两个，这使已到东京而无所事事的我们更感焦急了。我只到两星期，还不在乎，但是有的同事已经来了两个多月呀！

席散回到房间，淡如兄来谈，大都是我国在日的工作、人事和机构调整问题。我答应明天准向公亮将军建议。最后我们又商量好了我们明天到热海去度周末的计划。淡如辞出后，我写日记，十二时余始就寝。

四月六日　星期六

今天天气不如昨天，清晨已是细雨蒙蒙了。

打开报一看，关于盟国对日委员会（中美英苏四国参加）开会情形，果如昨日李张谢三位所述，充分表示美苏的矛盾和对立。英国代表鲍先生（Mr. Ball）一味捧美国。我国地位很难处，无怪公亮将军遇事采取折中态度，有时宁肯保持沉默。

九点半钟，我去访朱公亮将军。总算华莱士记忆还好，居然未走错路而开到了前农业大臣官邸——这就是朱将军驻节所在，也是我国代表团的办公之处。

公亮兄虽来日将近一周，但是我们始终没有畅谈的机会。其实，在国内最近五六年来也只匆匆晤过一两次面。这次他到日本来所负使命特别重大，工作也很艰巨。我对日本问题虽是"门外汉"，但是观感所及，加上点常识，我得"知无不言，言无不尽"。

于是我便就关于我国在日的工作、人事、机构种种问题，提出了许多意见。公亮兄很虚心，他非常高兴，表示愿意接受。

我们谈了国事，又谈谈个人的私事。十二点打过了，我邀他到帝国饭店吃饭，他换了便服，我们同来。因为饭厅里彼此熟人太多，碍手碍脚（他的地位和官阶不容许他到处露面，我也感同样苦痛，但因为是文官，毕竟好些），我叫了两客饭菜，开到房里来吃。吃了又谈，直到三点半淡如兄来，他坐了我的车子回去，而我则和淡如同坐一车首途到热海去做我们的周末旅行去。

热海（Atami）距东京约八九十英里，横滨过去还有五六英里。我们出发的时候已经是细雨纷纷，道路已湿。车过横滨，雨大起来了，车子不能疾驰，好胜的霍乌德（一向驾驶淡如的车子的美国军官）至此也没有办法。由横滨到热海沿途都开遍樱花，夹道迎人，令人怡醉。淡如说这正是日本樱花时节，两星期后便一切完结。记得蒋百里先生说过：人是武士，花是樱花。日本几十年来的国运也和樱花一样，一刹那间便红消香断了。

车过箱根（Hakone），正是灯火初明，在雨中看雨尤其别致。箱根原是著名的风景区，在这樱花鼎盛时节更是令人陶醉。我们的车子徐徐开动，忽而钻入山洞，忽而度过月桥，到处是花香鸟语，加上沥沥的雨声，我真疑心我是在画图中，在仙境里。可惜我没有诗家的笔，也没有画家的笔！

车到热海已经是七点多了。我们投宿一家中国人开的旅馆，叫作"大黑家"。主人姓伍，广东人，居日二十余年，招待很殷勤。晚饭后，淡如出去看朋友，我因为有点疲倦，洗了个著名的热海温泉澡，十点钟就睡了。

今天是星期六，又是美国人的陆军节（Army Day），官兵都放假一天，所以来热海游览的美国军人特别的多，旅馆几乎都给他们占满了，半夜醒来还听得到他们唱着美国流行的爵士歌曲。

提到今天的陆军节，我不能不补记所见的一幕。今日上午我坐车去看朱将军的时候，中途被阻，曾在日比谷公园门口停了约半时。美军（大约是驻防第八军艾将军的部队）游行的伍列几乎有一英里之长，全副武装，服装步伐都十分整齐。几千步兵过后，继之便是炮队和机关枪队，殿后是铁甲车队、高射炮队和坦克车队，前进时都做瞄准状，模样异常雄壮，铁甲车坦克车并不时由无线电发出怒吼，空气异常紧张。游行阵列经过东京各大街市，美日警察维持秩序，路旁观者如堵。从日人老幼男女的面部表情上，我一点什么看不出来。论理他们对这极富刺激性的示威，应该是愤恨或羞愧。但是，我一点儿看不出来。据说自美军登陆起到现在，一件

"意外事件"都没有发生过。这许是日人一般国民知识水准较高，能够一心一德体谅政府（天皇）的意旨，服从政府的命令。或许是因为美国人对日宽大的政策使他们心悦诚服，无甚反感。据说占领初期，日人内心也很感羞愤，但是习之既久，见怪不怪，所以现在倒也没有什么感觉了。

四月七日　星期日

　　"大黑家"虽是中国旅馆，但是一切设备布置都完全是日本式。昨晚我睡的是 Tatami，日本式的地铺，这是我有生以来的第一次。然而因为太疲倦，倒也睡得很熟很舒服。起身时已经是八点多了，雨已经停止了。

　　早餐完全是日本式的，菜虽丰盛，却不太合口味，有的东西我简直不敢下箸。

　　热海既以温泉浴著名，我又再洗了一个烫澡。然后再与淡如乘车取另一条公路回东京。这条路是绕着富士山麓走的，遍地樱花，风景秀丽，还可以望见积雪的富士山顶和山下碧绿的富士湖。这一带游人不少，大都是青年男女学生，大概是因为今天是星期天而且又正是樱花时节的关系。

　　有一段路异常泥湿，我们的车子陷在泥中，不能动弹。前面有一部大卡车载着几十个游春的日本男女，也陷在泥里，不能自拔，乘客都在道旁观望。我们的车子小，挣扎较易。在我们车子挣扎的时候，那些气力较大的日本人都很踊跃地一齐来帮我们推拉，大卖气力。他们明知我们是中国人，但丝毫没有愠色。不一会儿，一部巨型的载重车来了，载着三四十个美国士兵。他们看见情景不佳，一跃而下，大家齐心合力，把那辆日本卡车也推动了。当时三辆车上的人都很感愉快，大家心心相印，一团和气。这是很动人的一幕，在我脑筋里留有深刻的印象。淡如说："美国人就是这样的替日本人解决问题，小事大事都是如此，怎怪他们不受欢迎。"我觉得人与人之间、国与国之间要真能彼此互助，人类的世界应该是一个快乐的世界。然而，可惜事实上并不如此！今日的世界依然充满了猜忌与仇恨。战争和侵略的种子恐非经过长期的时间还不能消灭。

回程中又走过箱根，我们下车逛了一周，并在富士饭店休息了片刻。箱根真是一个秀丽无比的地方，尤其是在这遍地樱花的时节。

我们过横滨时已经十二点多，到帝国饭店已经一点半了。在帝国饭店对面的日比谷公园一带围了二三万群众，事后打听才知道是左派分子，在开打倒币原内阁群众大会。听说他们和日警冲突，还打伤了十四个警察。

午饭后小睡。约四时，朱公亮、李济之、张凤举三位来访，不一会儿向明思、王淡如也来了。这算是"群贤毕至"，我叫了茶点来招待，大家大谈特谈，及到六点半钟，朱将军请我们到天宝楼吃中国饭，价很贵而菜并不好。

九时回饭店，遇见美国老希，同到小剧场看电影，是一个热闹的歌舞片。散戏后在酒吧间又谈了一个钟头，老麦老罗也加入了。十二时分手，同房睡觉。

四月八日　星期一

今天天气又大晴而特晴起来了。几乎有一个星期没有上法庭去。上午方秘书来了，他把译好的远东国际军事法庭宪章（中文）稿子交给了我，我们一同乘车去陆军省（即法庭所在地）。我看了看他的译稿，并和老麦老派老罗等谈谈天，大家对起诉书还不提出和法官们无所事事都是牢骚满腹，很不耐烦。对苏联法官迟迟不来和华府远东委员会增派印度、菲律宾代表，也感觉厌腻，因为，这样一来，法庭正式开始工作更要迟延了。

十一时离开法庭，同方秘书游神田一带书店，买了一些日本旧邮票预备写信给国内的亲友时附寄给他们的小孩子玩。之后，又到银座一带逛。大概因为天气太好，春意正浓，路上的行人十分拥挤。大百货商店的墙上都贴着各党竞选的标语和图画，大都很艺术、精致，尤其是共产党所绘制的，更是醒目动人。

后天是日本全国大选（选举国会议员），所以这几天竞选运动很是热烈。据一般预测，左翼急进党派很难起来，胜利的大概还是那些主张拥护天皇制度的比较进步的党派。

回饭店午餐后，李济之、张凤举两位来谈我国怎样向盟军总部提出有效的收回我国在日本的古物图书的办法。他们两位是负责来办这件事的。我虽事不干己，但也参加了许多意见。他们留了一个联合国关于收回这类文物的文件给我研究，因为其中有些法律问题。

他们走后，方秘书来了，我们一同乘车出去游览，原想到上野（Ueno）公园去看皇宫博物馆的，因为华莱士找不到地方，只好作罢。五时回到饭店，看报写日记，弄到八点才吃晚饭。

饭后看了两个钟头关于审判德国战犯的书籍，到明思房间谈了一个钟头。打完太极拳，洗澡，就寝已经是十二点半了。

明思告诉我说某国检察官主张把日本天皇列入战犯起诉，在今天检察官会议中引起了激辩，结果是这问题暂搁置，未付表决。我说，这是个政治问题；就纯法律观念来说，我实在看不出天皇对于日本侵略战争何以会没有责任。这个问题在法官们私人谈话间迭次讨论过，大多数人与我持同样的观点。

明思兄这几天很感痛苦，因为中国所能提出的战犯证据实在太少，而论理说日本侵华战争至少有十五年之久，我们可以提出的证据应该是最多。

四月九日　星期二

清晨打开英文报一看，便是一行大标题——"饥饿的中国人在吃树皮、鼠肉和泥土"。小标题是"三百万人在湖南等地要饿死""飞虎陈纳德将军组织空运队投发救济品"。此外还有显目的中国新闻，如"国共两军竞赛占夺长春""满洲大规模内战在发动中""中国殷切期待马歇尔特使返华调停内战"之类。

这些新闻看了真叫人泄气。处身外国的人，对于自己国家不争气最感痛苦。

听说检察处明后天有一架专机飞往中国，我今天上午写了六封信给国内亲友，措辞却很简单，无非是问候问候而已。

下午方秘书来，他很想偕专机回国一行。我原则上本是赞成的，不过法院工作可能迅利展开，急转直下，而中日交通太无把握，我不主张他现在回国。这事只好将来再说了。

我们谈到七点，谈的大都是国内法院情形。

晚饭后我和淡如到荷兰老罗房里去坐了半小时，因为老罗买了一张东方丝绣古画（观音图），一再要我替他"请王将军鉴赏"。

老罗房里出来，我们到小剧场看电影，我因为心绪不佳，坐了几分钟便出来了。

打开房门，朱公亮、李济之、张凤举、向明思四位已经在我的客厅里坐下了，他们还叫了日本下女泡了日本茶吃。我们大谈特谈，直至十点多钟，他们告辞回农林大臣官邸（中国代表团办公及住宿之所）去了。

打了拳，休息一会儿，十一时我便睡了，因为明天上午有一个"法官谈话会"，我得早点起身。

四月十日　星期三

　　上午九时方秘书来了，我们一同乘车去法庭，在路上我注意一般市民对于投票的动静和热忱，因为今天是日本有史以来第一次的普选。但是我很失望，到处似乎都是冷静静地，绝对不似二十年前我在美国看到的那样狂热。久受法西斯熏陶的一般日本民众，对于选举是什么意思和有什么好处大概还有点莫名其妙吧！

　　十时开法官谈话会，代理庭长老诺主席。他报告说检察长季南有封信来，说四月十五日起准备提出起诉书，希望法庭方面正式指定日期开庭受理。这着倒有点出人意料，想不到老季居然有这一手。但是我内心中还是怀疑着这许是个"空城计"，因为我知道检察处正在忙得焦头烂额，起诉书未必能够十五日正式提出。

　　但是季老既下了这样一个"通牒"，我们只能接受他的"挑衅"。我们议决：十五日请季老到法庭来登记起诉书，是日并把副本分别送达各被告战犯；同时，那时再指定一天（大约在登记后之第三天或第四天）开庭举行公诉仪式，由检察官宣读起诉书，各被告战犯均到庭认定"有罪"或"无罪"（"plead guilty"or"not guilty"，这叫作"arraignment"）。这个仪式举行之后，大约要隔一个月才开始审判，因为被告及其律师必须有充分时间准备其答辩。

我提议十五日接受的起诉书，其副本应由法庭送达各被告而不应由检察处为之。大家同意了我这主张。

我们这样决定了，并推老诺今天下午与老季去商讨详细节目。

大家感觉机器现在总算在发动了，心中咸有很大的欣慰。

老麦、老罗很热心，他们想提出讨论"诉讼程序细则"第二次草案，但是老诺因为卫勃爵士未回来，坚决反对。散会后，我遇着恒利上校（Col.Hanney），他是法庭的事务主任，我顺便把秘书处时常把我名字的字母拼错这件事情对他抗议。他表示抱歉，答应立刻纠正，并保证以后不会发生这种错误。其实这并不是大事，不过人家办事确实认真，决不马马虎虎。

同老希在酒吧间吃了一杯咖啡。我们两个气味很相投而且都不嗜酒，谈起来特别亲切，起劲。这也似乎象征着中美一贯的友谊。他大约要比我大十五岁，故以兄长自居，有时以小弟弟呼我和老罗。

走出酒吧间，我们一同乘车回饭店用膳。

午睡起身已是三点，我约了方秘书来，我们乘车同到上野公园参观内宫博物馆。这原系皇宫的一部分，但是投降后，盟军要日人把它改为公共的博物馆，任人游览。里面陈列的都是日本历代的衣冠文物器皿模型。东西并不多，令人有"装潢华丽，内容空虚"之感。听说好东西大半早已搬到别处去了。

参观了博物馆出来，我们到中国联络参谋办公处去看最近几天的中央社电讯。翻来覆去尽是些国共东北争夺和物价不断飞涨的消息。

五时至七时，我和方秘书校读国际法庭的"诉讼程序细则"（卫勃爵士起草）第二次草案。我们逐条朗诵，逐条研究，并对照 Ollivetti 上校（第八军主管审判战犯的名法律实务家）所提的私人意见书。我们发现了有许多地方还有斟酌的余地；再仔细研究一两次之后，我或许可以向"法官会议"提出一个书面说帖，至少开会讨论的时候，我有充分准备和把握。

各国派来的同事都是有经验、有地位的老法官，我得兢兢业业，郑重将事，决不马马虎虎。

八时淡如请他的日文老师吃饭，要我作陪。我们吃吃谈谈很是高兴。不久，明思来，我们谈到十一时始散，回房打拳，洗澡，十二时就寝。

四月十一日　星期四

今天上午没有出外，在房间看看报，写写日记。

打开星条报一看，果然载着一条"起诉延期"的消息。理由是苏联法官还没有到。其实还有其他原因。我昨天预料是个"空城计"，现在果不出所料了。

国内的消息依旧是恶劣，东北争夺战正在白热化，我很怀念在长春的静轩大哥和璇弟，他们大约退出了吧！三人调处小组虽在进行，但恐无效果。马歇尔将军据说周内即将返华。自己的事要人家来干涉，这如何说得过去。同时经济崩溃，更是可怕。上海的煤已经贵到四十五万元一吨，而据方秘书说，鸡蛋也涨到了一千元一枚。这成了什么现象！

日本时报载了一篇短文，叫作"中国人不报仇"，描写日本投降后中国人对日人是何等宽宏大量，"视敌为友"。宽大固是美德，但是姑息、畏惧，却是懦怯。我读了这篇文章，颇有"啼笑皆非"之感。

季南先生来电话，说麦帅明日要请我吃午饭，问我有空没有。这不过是客气话，我们无所事事的法官正在这儿闲得着急，麦帅请吃饭还会没有空去吗？

他又问我愿不愿和他一同去。如果愿意，请在帝国饭店等候，他中午一时来邀。我答应了。

胡须有点长了，我自己又不习惯于剪它，只好到楼下理发室去修一次面，整整容。

由理发室上楼，遇见荷兰老罗，他坚邀我到池旁草地上（在饭店之内）坐坐，并叫了两杯咖啡来。他表示对于中国的哲学文化具有莫大的兴趣和钦仰。他是一个好学之士，人很潇洒、诚挚，带点少年名士派气味，他的话或许不是虚伪。

我们又讨论到将来法庭的判决是否要如英美一样，写明法官们赞成者和反对者的人数和名字，并允许反对者发布反对意见。他坚持以为不可，说了一篇大道理。我对他的主张相当赞成，但表示我对这个问题还未详密考虑。我告诉他这是个相当重大的问题，细则中应有所规定，至少法官会议席上应有充分的讨论。

我同老罗正在高谈阔论之际，加拿大老麦跑来了，说他在他房间里举行鸡尾酒会，要我们立刻前往参加。到的有八九个人，法官外还有一两个法院职员。我同美国老希不喜喝酒，坐了一会儿便同遛到饭厅去用午餐。

午睡后，三点钟我到农林大臣官邸去访朱将军。李、张两位和钱秘书亦在座，他们领我参观各个房间及其布置。这完全是一所日本贵族式的房屋，明窗洁几，别有风味。窗外的园榭花草，尤其整洁可爱。我们席地而坐，品茗谈天，倒也富于东方意味。

四点多钟，美国空中运输队的司令官某上校来访公亮。公亮邀大家在一个非常清雅别致的客堂里举行酒会。

那位司令官（忘其名）对中国很同情，情形也很熟识，他到过北平上海等地，交结中国朋友不少。他的内弟现在重庆美国大使馆任海军武官。他对日人最厌恶，愤恨，说他们狡猾诡诈。这是他作战和在日住家的经验。他说日本人什么东西都偷，愈来愈胆大。他说等中国占领军到了，他宁愿搬到中国防区去住。他对美军的宽大政策深表不满，他说，占领初期，日人惊惶失措，呆若木鸡；稍后则变为毕恭毕敬，驯服可怜；现在却怡然自得，且带点倨傲的样子。对这说法，朱将军颇有同感。

六时我独自辞出，因为要到英国派曲克勋爵的酒会。到时老麦老罗老希老诺和老白都在。这些一天至少见三次面的人，谈起来自然很痛快。不过我同老希对酒实在不感兴趣，于是我们又先溜去晚餐。

　　晚餐后和王将军到对面的派耳（Pyle）戏院看歌舞和电影。院里挤满了军官，据说这个歌舞班还不坏，所以很有号召力。但"将官特厢"里今晚依然只有我们二人在座。温度太热，我们没有看完便回来了。洗澡睡觉已经快近十二点了。

四月十二日　星期五

今天麦帅约吃午饭，我提前偕方秘书到法院去，以便早点可回饭店，等季南检察长来接。

在法院，我们把"诉讼规程细则"（第二次稿）再逐条仔细研究了一遍，并把 Ollivetti 的意见书重新从详考虑一番。我在草案上做了些标记，预备下次开会时提出讨论。这件工作完毕，老麦邀我到酒吧间，和老希、老派、老罗等闲谈了一番。大家对卫勃庭长迟迟不回和苏联法官姗姗其来，以及起诉日期定而又改，都很感觉不耐。

回饭店略事休息，季南来了。他请我和法国法官白拉德同坐他的车子，另外一车坐的是明思兄和法、荷、菲的检察官，我叫我的车夫空车相随。我们直驶美国大使馆麦帅官邸，到时大概是一点钟了。

麦帅还没有下公回邸，由他的夫人和一个青年副官迎接招待我们。

麦夫人身材很小，但善于辞令，口齿很快，应酬功夫非常周到。她对中国的文化古迹表示倾慕，对我国领袖暨夫人表示敬仰。忽然她发现谈话太集中于中国，于是便又对巴黎的美丽、海牙的情况、菲岛的思念，或加以赞叹，或加以询问。总之，她的话很多，而且很圆到得体，听者不感厌倦。一个集会中有这样一位在，大家是不会感觉寂寞的。

我们笑着谈着约有半小时，麦帅从总部下公回邸了。

他一进门，麦夫人便跑过去拥抱，接吻。这是西洋人的礼节，原不足怪。继而季南替我们一一介绍，握手为礼。我们坐定了，麦帅对自己迟到表示歉意，之后，接着便说我们还是到饭厅一面吃，一面谈吧。

麦帅身体很魁梧，但并不硕胖，是一个标准美国式的军人体格——修长而不庞肿，壮健而不粗野。他最动人的是两目炯炯有光，与人握手或谈话的时候使对方会感着他有无限的诚挚与吸力。

我今天坐的是麦帅右手第一席，亦即照西洋礼节的主宾座位。我们因为距离较近的关系，谈话也比较多些。他很外交地表示对中国兴趣浓厚，敬意深刻，并自称为我国最高领袖的倾慕者。

他今天的兴致特别好，放言高论，滔滔不绝。

他对现在的国际间充满猜忌与冲突表示不满。他说第一次世界大战完毕，大家还和和气气，开了和会，订了和约，战胜国间还和平快乐地相处了若干年。但是这次战争一完，国际间便紧张起来了，似乎等不及休息片刻，便要"连台接演"第三次世界大战的样子。

谈到第三次世界大战的可能，他眉飞色舞，指手画脚。他说，第三次世界大战是不能有的，国为它的意义是等于人类的毁灭。今后战争不是你胜我胜或他胜的问题，而是大家是否愿意"同归于尽"的问题。

他说，原子弹的发明把整个战略战术，甚至于战争的意义都改变了。没有原子弹的国家不能参加战争，参加战争的国家可以毁灭敌国，同时也必会被敌国毁灭——结果是大家完蛋。

他对原子弹的效力很有研究。他说，现在可制造的要比炸广岛、长崎的厉害得多，小小一个弹便等于二千架超级空中堡垒的威力。他说，只要六十个原子弹便可使庞大的美国麻痹乃至于毁灭，小国更不足道矣。然而原子弹不过是新式武器的起点，将来必定有较原子弹更厉害的东西出现，或许已经出现了。

"在这种情况下，怎样去打仗？谁能胜仗？"麦帅含笑问着。继而感叹着"世界上既有豢养着六百万常备军的野心国存在，我们又怎能不准备战争""我虽看出战争的危险，我还时时在戒备着"。

法国法官问他认识不认识戴高乐将军。他说我虽未曾领教过，但我对他很敬仰，因为他同我一样是一个"最不外交（undiplomatic）的人"。啊，天晓得，麦将军不但外交而且是一个政治手腕最高明的人。要不然，他何以能够处他现在的地位，而且处得很得心应手。

他对日本最近选举的结果和宪法起案，很表得意，认为是民主化的初步。关于这一点，我不能有所批评。

麦帅统治日本是功是罪，对我有利有害，我现在还不能解答。

麦帅对中国抗战的贡献似乎还不健忘（英美人士，由于中国目前的纷乱、不争气，大都把我国八年余汗血苦战的成绩置之脑后了），尤其对我国在远东委员会和在盟国对日委员会与美国之合作和支持深表感慰，隐约间对朱将军不偏不倚的态度感觉满意。

提到我国政府和人民对日本那种不记旧仇的宽大态度，麦帅倍加赞许。他说："中国是一个哲学的民族。它最理智，他们知道无论如何终究是要和日本相处的。"

诚然，站在麦帅的立场，中国的宽大态度是最合脾胃、最切需要的。然而，宽大之外，我们应该警惕！我们应该提高我们对日的警觉性！这不由得使我想起三月廿九日拉铁摩尔先生的那篇文章来。

我们谈话快近两个钟头了，话题很多，我已不能记得完全。我既坐首席，自应首先告辞。他和夫人送到二门，握别时我感觉和见面时同样的热力。

我的印象是麦氏非但是一个军事天才，而且是一个大政治家。然而我最关切的是他统治日本的政策是否有损于我祖国的利益或妨碍我祖国的发展——这个问题今天一直盘旋着在我脑筋里。

回到饭店已经三点多钟了。午睡起来，写了三封家信，预备交国际检察处明天飞沪的飞机带去。

晚饭前后，与老派老希老麦老罗等闲坐，闲谈。提到明天卫勃爵士和苏联法官大概都可以来到，大家不禁眉飞色舞，因为如此，机器也许可以开动起来了。

九时半回房，记日记，王淡如向明思两兄来谈，十二时就寝。

四月十三日　星期六

　　晨起打开报一看，又是中国的恶劣消息——长春争夺战之展开就在眼前，同时使我怀念在长春任吉林邮政管理局局长的内兄静轩和在中央银行服务的三弟汝璇。我祝他们平安无恙！我更祝祖国赶快和平团结。

　　日本总选的结果也发表了，当选的国会议员之中：自由党一三九人；社会民主党九十二人；进步党九十一人；合作党十六人；共产党五人；无党派者八十三人；各小党派共三十八人，合计总数为四六四名。昨天麦帅上午已经得到了初步报告，他在午餐时对选举结果表示满意，因为：1. 参加投票者占选民百分之七十三，比世界任何国家的选举踊跃；2. 共产党当选者仅寥寥五人；3. 妇女在日本有选举权这是第一次，而居然当选者有三十八人之多。麦帅还说候选人的身世履历资料都是经过审查的；自九一八那年起他们的著作、言论、行为、经历都曾填表具报。

　　麦帅对这结果虽表满意，其实他也不能不表满意，但是今天报上载着苏联和英国报纸都在攻击麦帅，认为举行普选尚非其时，必无良好结果之可言。我国虽忝居远东四强之一，但是自己内战方酣，百废不举，对此类事自亦不暇顾及，只好装聋作哑，噤若寒蝉了。

国际检察处赴沪飞机遥遥无期，九点多钟方秘书打电话来，说今晚有一位在总部粮食组的包先生要回国去，于是我又写了几封信。

中午朱将军来访，我们把午餐开到房里来，且吃且谈，及至三点多钟他才回去。我们约好了明天去游镰仓和叶山等处做日曜郊外旅行。

晚饭是同淡如一起吃的，吃完我们到对面派耳戏院坐了一会，"将官特厢"今晚有五六人之多。因为太热，坐不到几分钟我们就出来，又到我房里闲谈，明思兄不久也加入了。大家对于国事日非都是感慨万端。楼下舞厅里虽有日本歌舞表演，乐声铿锵，我们也没有心思去观光。

他们走后，我做日记，打太极拳，睡时已经一点多了。

四月十四日　星期日

今日起身较迟，早饭后到花园里散步时遇见老罗老麦，我们闲谈了半小时。他们告诉我苏联的法官柴里延诺夫（Zaryanov）将军昨晚到了，到了随员四十四人之多，检察官也到了。机器似乎有希望开动了。我们谈了一谈将来法庭审判座位的次序问题和法官应否宣誓以及保守秘密的问题。

看了一个多钟头的书报，方秘书来，商讨了一下他回国走一趟的问题。我原则上很赞成，但是时间现在还不能够确定。

提前吃午饭。一点钟到农林大臣官邸中国代表团去访朱将军，因为我们约好一点钟出发同去游镰仓的。

我们休息了片刻，我就便问起钱主任（朱将军的机要秘书，日本情形很熟）对于这次日本总选的感想。他说，这次当选的四百多人，其中大半都是军阀财阀的走狗和投机分子，装上一点伪装，戴个民主的假面具，便可以骗到美国人了。美国人太容易受骗了。这个观察和唐上校前些时给我讲的完全相同。

朱将军说今天傍晚他代表团的第二批随员要到，乘的是中国人驾驶的专机。他的车子要派到厚木机场去接客，我们便同坐了我的车子疾向镰仓出发。

大约走了两个钟头，我们到了镰仓（Kamakura）。因为路途不熟，我们连车子都没有下来，只在市区和海滨兜了一个圈子，便又吩咐开到叶山去。沿途问路，过了好几个山洞，经过一个名叫"逗子"的小镇，才兜到叶山。叶山也是一个小镇，不过日本的小镇小村和我国乡村不同：第一，它到处有电灯电话，交通方便，可以表现其工业化的程度很高；第二，他们乡间的房屋常是分散的，而且房屋的结构矮小，门窗栅栏都很不坚固。这与我们聚族而居而且高墙厚门，门上加闩，闩上加锁的种种情形大不相同。这表示他们以往的治安不成问题，不像我们兵祸连年，盗贼遍野，就是太平盛世也得各自检点门户。我感觉中国一向的政治只是消极的，只要没有人造反，推翻王朝，便是太平盛世，至于人民的教养卫生，那只有委之天命和老百姓自己。只要"风调雨顺"，自然会"国泰民安"，政府是不多管闲事的。

叶山海滨有一个日本要塞，属横须港，还立的有陆军省森严的禁牌，现在却只是任人游览，供人凭吊而已。

我们在海滨散步了一会儿，便踏上归程了。车过驻叶山的美国骑兵旅司令部。门口的美国警卫四人看到我车上漆有我国国徽，连忙举枪为礼，状至恭敬。朱将军答以军礼自然方便。我穿着便服，举手乎，脱帽乎，点首乎——这个问题在我脑筋中盘旋了多日，有时使我很窘。我得研究一下。

过了逗子到横滨，车夫开错了路，颠簸不堪，好像跳舞一般，比我八年来常走的北碚到青木关的路还要糟几倍。朱将军说日本的公路坏得很，乡间大都如此！

啊！这使我有所发觉，有所醒悟。

日本人实在会装面子，做假宣传。看，他们总是叫人家游这里游那里，把许多通都大邑名胜古迹描写得像锦绣天堂、东方乐土。出些富于夸大宣传的旅行指南、游客丛书之类的书报，开些美术展览会、音乐奏演会和歌伎表演，选些眉目姣好的女侍到各饭店旅馆去服役……这些含有麻醉诱惑性的玩意儿谁能说没含有欺伪宣传的毒素。但是西洋人，尤其是美国孩子，最易上当。日本宣传的技术，战前战后都很高明。他们的真相外人是不易知道的。假使我们今天不走错路，朱将军不告诉我，我决不会知道日本的公路会如此之糟，而且一般公路都是这样。

我们回到代表团已经快七点了。中国飞机还没有到。我同公亮先吃饭。不一会儿，淡如打电话来，说中国飞机今天根本没有飞离上海，要明天开行。我辞别公亮，回到饭店正好赶上八点四十的电影，片名"杜丽姊妹"（"The Dolly Sisters"），是五彩歌舞，剧情简单，但场面很热闹。美国影片，大抵如此。

电影完了，淡如、明思到我房里畅谈约一小时，做日记，打拳，洗澡，睡时又是一点多了。

四月十五日　星期一

今天是我和婉如结婚一周年纪念。我现在连她在什么地方都不知道；或许她已离开了重庆，正在赴沪途中；或许她仍在重庆；或许她已经到了上海。中国交通这样困难，使我对她发生无限的怀念，对去年今日的情景发生不断的回忆。我默祝她的健康，我默祝她在扬子江上的旅程清吉！

天气特别和暖，樱花到处怒放，帝国饭店的情景使我想起北温泉数帆楼上去年的今日。

在月初我托一樵兄带点小礼物给婉如时的那封信上，我已经告诉她我在四月十五的那天一定要请客。

清晨起身，我正在想请哪些人，吃中国菜、日本菜还是西洋菜。忽然淡如来到我房里，拿到一张帖子，是中国旅日华侨联合会的请客帖；主要的是欢迎朱将军和我——其实是朱将军，因为他是他们主管长官，我不过是陪衬而已。而且晚间中国代表团有大批人马要到，公亮淡如都要在团里招呼。我看这样情形，只好把念头打消，好在华侨这样大的盛会，比我邀三五个朋友庆祝，要强得多了。这是借花献佛，其实情势逼得我不能不如此打算。

上午我仍旧同方秘书到法院去了一趟，看了几件公事，同老麦、老罗谈了一会儿天。他们告诉我苏联的同事柴将军已经到了，昨晚他们同在一起吃的饭。老柴一个英文字都不懂，替他翻译的那位青年少校的英文也不高明，将来开会、审判，都成问题。

在法院里，接到公亮的电话，说华侨招待是茶会，人数很多，嘱我三点半到他那里相邀，一同赴会。

午饭后小睡，三点半到公亮处已经有三个华侨代表在那里等候，是派来欢迎的。

参加的人有七八个，我们分乘四辆车子出发，我和朱将军、方秘书同车，约四点钟驶到上野公园的中国饭馆——东京最大的中国饭馆。我们到时，华侨伫候的已经有几百人了。事后我听说明天是华侨联合会的年会，所以今天在东京的人特别多，他们趁此开会欢迎朱将军。

几个华侨首领招待我们在客厅里寒暄了一会儿，继而大家都到礼堂去开会。礼堂并不算小，却都挤满了人，烟酒及点心都是日本土产，倒也别有风味，我吃了几块干鱼。日本香烟实在不敢领教，最好的比重庆最劣的都不如。

会长周某致开会辞，接着便是请公亮将军训话，由谢南光先生译为台湾话。朱将军的演说相当地长，措辞也相当地严厉。事后我打听，据说在日侨胞良莠不齐，洁身自好安分守己者固多，但是兴风作浪为非作歹者亦复不少，其中还有在抗战期中行为可疑以及现在还在勾结本地浪人做黑市买卖和其他不名誉事情的。所以朱将军除了勉勖之外，还寓有训诫和警告他们的意思。

公亮讲完，会长要我说几句话。这事出乎我意料。踌躇良久，欲拒不能，只好勉强说了十几分钟，仍由谢先生逐段翻译。

我只提出两点希望：第一，希望侨胞言行要特别检点，处处要保持大国国民的风度，以配合我们已经取得很高的国际地位。第二，希望侨胞要保持团结，不可分裂，遇事要采民主作风。事前充分讨论，自由发挥，但是一经公决，一定都要服从多数，大家绝对遵守，不可别立门户，法外生枝。这一点是我约二十年前在美国，迄后在欧洲看到各地侨胞最普遍的毛病（不团结，爱分裂），我认为不妨在这个地方发挥发挥，尤其是明天便是旅日侨胞联合会的年会。

我讲完以后，大家座谈了片刻，我和朱将军辞出，主席遂宣告散会。

唐上校、方秘书搭车到我饭店里来。在我房叫了点茶点，闲谈了一小时他们便回到第一宾馆去了。

六点多走进酒吧间，除苏联外，各国的法官都到齐了，正在那儿喝酒、谈笑。庭长卫勃爵士已从澳大利亚回来了。介绍之后我们特别恳谈了许久，因为是初次见面。他的身材很高，相当地胖，大约是六十左右的人。他最近升任澳洲最高法院推事（原是奎士兰 Queensland 省高等法院院长），我恭喜了他，他很高兴。

卫勃人很和气、诚挚，不大多说话但是语语中肯，态度很公正，做事很有把握的样子。这是我今天初步的印象。他确是一个文质彬彬的君子相。

我们同去吃饭，吃过饭又在大厅大谈特谈。老诺他们要我不要叫卫勃"爵士"，卫勃亦不要叫我做"博士"，而应彼此以"老卫""老梅"，或"卫勃""梅"相称。我同卫勃虽初次见面，但是大家一见如故，十分融洽。

我因为急于打听中国代表团到的消息，坐到九点便上楼了。到淡如房里已经有从国内到的两位在洗澡，我知道飞机是真到了。继而明思兄交来四封信，一封是三弟汝璇自锦州来的，一封是五妹蕴珍自白沙来的，一封是罗秘书自上海来的，一封是妻婉如自重庆来的。

父亲的信没有，我有点失望。但从妻弟妹的信中，知道他两老正忙于还乡准备，都很健康。妻的信很长，说我托顾一樵及白顾问带华付邮的信都收到了。她告诉了我很多重庆的和家中列列的情形，使我感觉欣慰。唯对静轩大哥尚未退出长春一点，使我系念不置。婉如说她准十二号乘邮政总局的鸿逵专轮离渝，要月底才能抵沪。今天刚走四天，大概她还停在沙市吧！我们的分离，使她多吃许多苦，我心里很不安。我唯有默祝她的旅中愉快，一路平安。

今天事情真凑巧，使我万分兴奋。

四月十五日这个纪念日，我对婉如特别怀念。而恰在这一天，我便接到她从中国寄来的第一封信。更奇特的，我原来要举行一个小小庆祝的，而全体华侨便在这天开盛大的欢迎会，情况热烈决不亚去年今日的数帆楼！

真是无巧不成书，我感觉特别满意。我今天穿的是去年今日穿的那件白衬衫，戴的是去年今日戴的那根红领带。这种小事情都这样好胜，未免太孩子气了。孟子说："大人者，不失其赤子之心。"然则，我太夸大了。

回到卧室，把信和附寄来中国报纸关于我的报道再看一遍，做日记，打拳，睡时又是一点多了。

四月十六日　星期二

今天午前，我仍照例上法院去了一趟，看了几件不关重要的公事，试了一试法院替我们制的法官制服（大体仿英澳式样），和老麦老罗老希四人在酒吧间谈了半小时的天。

出法院我到农林大臣官邸中国代表团去访问昨晚到日的几位团员。首席顾问沈觐鼎和林定平（原外交部亚东司帮办）二兄是熟人，我请他们同到帝国饭店吃午饭，欢聚一番。我谈了一些国内最近的情形，相顾自又不免一番感叹。我们的国际地位由于八年的浴血苦战，无比牺牲，已经赚得很高，倘使自己不争气，眼见这个地位就要堕落了。

午饭后，沈、林走了，我午睡了一小时。因为中国专航明后天便要回去，我便开始写给婉如、父亲、三弟、蕴妹的信。晚间除饭后同老卫老诺谈了半小时的天外，仍旧是写信。

十点多钟，明思来谈。他因为起诉书快要起草完成而中国资料收集得不够，翻译更是人手太少，极感困难（近日我已请方秘书尽量帮他的忙，但是刘秘书身体欠佳，正在生病，所以还是无济于事）。同时，各方又在催他搬出饭店，这使他更感烦闷。我对他的处境十分同情。但是法官是不能与检察官互助合作的（英美则连往来都要避嫌疑），我不胜其爱莫能助之感。

为了明思住在帝国饭店，以及法官与检察官规避往来的问题，我曾向同事们表示过中国决不是如此的。不过法院既是英美式的组织，这次大体上又采的是英美式的程序，而且人家都是如此，我们自也不便独异。不过总部这次对检察官的待遇似乎太委屈一点。除了检察长季南一个人自我宣传大出风头之外，各国检察官大都无声无息，仿佛是他的助理似的。九国法官的名字时常在报上披露，有时还大吹大擂，而且每个人在帝国饭店都住三间一套的房子，每个人都单独有一部黑牌汽车，上面还漆着各国的国旗。但是检察官则总部连他们的住所都没有固定的招待、妥善的布置，这未免太不成话了。难怪明思兄感触甚多，牢骚很重。

我们谈到十二点多钟才散，记日记，打拳，睡时也快近一点了。

四月十七日　星期三

今天雨相当的大。我来东京起，晴天占十之八九，像今天这样的大雨滂沱，沥沥不休，是很少见的。

因为明天中国飞机要走，法院无甚要事，天气又很沉闷，我今天全天都在房间写信。除了写给父亲、波师、婉如、沣叔、璇弟、蕴妹的那几封之外，又添写了些给胡继纯、刘世芳、叶秋原、李孤帆、任家丰、罗集谊、全增嘏、张明养诸友的信。此外还写了两封给杰夫兄和雯如姊。连前几天迭次想交检察处专机带沪的而未成功的那几封，一共怕有二十封了。

我把信都包好，傍晚亲自送到朱将军那里，郑重叮咛钱秘书歌川交飞机师，务必一到上海就投邮箱。

晚饭后，淡如同一位傅先生来找。我们到一家日本酒店小酌了一会儿，不感兴会便出来到第一宾馆找唐上校、方秘书和明天回国的外交部驻日刘代表闲谈，我并托刘带一小包东西送波师留交婉如。

回饭店时，遇见美国老希，他邀喝咖啡，目的是要告诉我卫勃销假后有许多问题要讨论，而其中之一便是审判席上的座次问题。他主张依日本投降书各受降国签字的次序。老卫似乎原则上也赞成。但为实际工作方便起见，中英或许互调，法、加、荷的地位亦可能加以变更。此事我思索了许久，也是大家一向关切的一个问题。我到东京的次日老麦便和我谈过。好在明天法官会议必知分晓，我也只好淡然置之了。

回房打拳，洗澡，睡时约十二点钟。

四月二十日　星期六　抵日一月纪念

今天是我到东京的一个月的纪念日。虽然仅短短的一个月，我却觉得很长。有几件个人的小事似乎值得记一记。

第一，是我的体重距离上海时已经增加了七磅，这大概是由于生活较安定和心思较简单的关系。

第二，我在国内没有蓄过须（只有前年春季病后留过一次，不久便剃了），这次离沪时才决定蓄它，现在已经长起来了，而且每个星期要到帝国理发店去整修一次。

第三，自民国廿八年四月起，我从不吃冷水、冰茶，而且饭前不吃甜东西，现在这些禁忌都打破了。每天冷水、冰激凌随时随地都吃，而且饮食方面总是甜咸交错，冷热并陈，毫不顾忌，似乎完全恢复了我自二十岁至二十五岁时在外国的满不在乎的精神。

第四，我打了两年的太极拳，来日后每天总算还能练习一次，外加点徒手体操，从未间断。这总还算差强人意的一件事。

今天上午我同方秘书仍旧上法院去了一趟。在途中遇着老麦老派老诺老罗四人，他们是到郊外高尔夫球场去打球。在法院里我看了几件例行公事之后，便邀美国老希去酒吧间吃咖啡，谈了半小时的天。法国老白和苏联老柴都没有看见，大概未到。老柴一个人独来独往，出没无常，很少和这一班人厮混。

出法院到中国代表团（即农林大臣官邸），朱将军因公外出，和王将军钱秘书闲谈了一会儿，便回饭店午膳。下午接着明思的电话，他决定搭明晨检察署专机回国。我便写了两封信（一给波师，一给沣叔）和收拾一盒小赠品（送波师交婉如），预备托他带去。

七时到酒吧间一看，老诺和老派两位英国绅士正在那里小酌。他们坚留我坐下，替我叫了一瓶"可口可乐"，加了四分之一的兰姆酒（Rum），这在他们看来几乎是不算一回事，但是我居然吃醉了。最初因为 Coco Cola 味道太好（我二十年前在美国时最喜饮它），毫不感觉。逐渐脸有点红烧，心跳得很快，到吃饭时更加发作，头也有点晕了，女侍们看到似乎也有点发笑。饭后我只好回房间倒在床上躺着。心跳，头昏，但未呕吐。我太"饭桶"，告诉人家，甚至于婉如，都会笑话的。

十一点钟明思来访，说他回国主要任务是请助手，其次为找资料。我笑他太太到了上海，明天便可见面了。他这两个月来确实是辛苦。

午夜一点多钟，我上楼帮他收捡行李，且捡且谈，我们握手告别互祝珍重时已经三点零十分了。我马上就寝。

四月二十一日　星期日

昨晚睡得太迟了，明思打电话给我辞行时我仍在梦中，等到快九时才起身。

梳洗毕补打太极拳，早餐后淡如来谈，告以明思今晨离饭店的情形。今天是星期天，淡如不去办公，他约我到公园去散步，恰巧我的车子来了，我们遂一同到代表团去。与朱将军钱秘书交谈之后又到后院看到张凤举先生和刚由西京调查归来的李济之博士。我们的目的是在散步，遂在花园里面游逛良久，我并在花圃里搬了两盆万年松和仙人掌到我的车上，预备带回饭店。

花园毕竟不过瘾，这样惠风和畅樱花遍地的春天不可辜负！于是我邀了公亮淡如坐我的车子去兜风并围着那富丽堂皇英国宫殿式的秩父宫官邸转了两圈。东京的马路确实不坏，市容也很雄壮，至少在这一带有点不愧为当年一等强国首都的样子。

我们开到上野公园下车。公园游人如鲫，对我们备极注意——一辆漆着中国旗的车子，里面出来两个有星的中国将官和一个有小胡须的中国人，这自然引起他们的好奇心，但表面上绝无仇视或轻视的表现。或许他们是正在"自哀不暇"，或许他们正在"卧薪尝胆"。盟国的朋友应该当心着。

我们在上野公园除散步良久外，还参观了一个美术馆的油画展览。作品很多，分二十余室陈列。一般水平并不算低，但特殊作品似乎没有。这比我民十九年春所参观的巴黎油画馆又只能算小巫见大巫了。不过日人善于模仿，一次展览会能有这样的成绩，自亦不可轻视。

回饭店已近一点，我留朱将军在房里午餐，餐毕畅谈各人当年游欧的情景，三点他辞出回邸。

我昨晚睡太少，补睡了两三小时。

醒时"中央社"记者张仁仲君偕淡如来访，张君并邀我们到记者招待所（Press Club）去晚餐。帝国饭店太老气横秋了，与那些法官老头朝夕见面也太腻味了，我想变换变换空气。

新闻记者毕竟是活泼泼的，他们的饭厅多么蓬勃有生气！菜也不坏。饭后又在张君房里坐谈了良久。他是一个很有"冲劲"和干才的青年（西南联大毕业），是我国有数的随军记者。他谈他随军登陆日本和登陆朝鲜的情景，我们听了津津有味。

回到饭店，补记日记，打拳，洗澡，睡时又是一点多了。这一向来就寝太迟，以后应该早点睡。

四月廿二日　星期一

今晨报载华府远东委员会新西兰代表对于美国供给大量粮食给日本表示不满，主张应予调查。这对麦帅政策多少是一种抗议。同时，麦帅总部把东京四大盟国对日委员会的美国代表兼代理主席马克脱（Marquat）将军辞撤，改由总部政治顾问艾其逊（Atcheson）充任。艾氏曾充美驻华大使馆参赞及代办多年，我在重庆曾见过面。去年赫尔利（Hurley）大使在美大事咆哮发怒辞职之时，艾其逊是他指摘为泄漏美军军事秘密和袒护延安人士之一。事后赫氏失败，美国政府声明艾氏无罪。

这两则新闻表示远东各国在华府和东京的两大委员会里都有些明争暗斗。美国遇事包办和麦帅宽大提携日本政策未尝不引起他国的反感。马去艾来显示着美国对苏的小小让步。不过马氏不善自处及利用无谓的 fillibuster 政策，也是他失败的原因之一。

上午十时法院又开法官会议，讨论麦帅关于被告是否可以不聘律师，自己辩护的问题之复函。因该函未及看到问题之中心，法院决再去函质询。其次为需要翻译之任何文件，会议决定应限于开审前二十四小时内送来。此外还讨论了几件小事，十二时散会。

午饭后一睡便是两个钟头，大概这几天太累而睡眠也太少了。

五时李济之博士来访。他把在西京调查中国文化古物的情形给我大概讲了一遍。他想就最近总部对日政府关于限期登记及禁止贩运一九三七年（卢沟桥事变）以来日本劫自外国的文物之指令，加以扩充，制成议案，请朱将军向盟国对日委员会提出。我表示完全赞同并贡献了一些意见。

六时余，方秘书、刘秘书和王将军先后来到。我叫了茶点，大家畅叙一番。

晚饭后，在小剧场看了半小时电影，乏味退出，回房做日记，打拳，洗澡，就寝时是十二点一刻，算是提早了。

四月廿三日　星期二

报上载着：长春已完全为共军占领（我焦虑着静轩兄的安全）；新一军死伤甚众；哈尔滨也被四面包围，即将放弃。国共双方互讦甚烈，马歇尔将军似亦没有多大办法，蒋主席或将再做让步。又载：国府决于五月一日以前还都南京；从五一起一切公文应寄递南京。这次还都总算还成了，但不知五月五日的国民大会是否因内战关系又要展期。多难的祖国！我愿她遇事终能"逢凶化吉"，"化干戈为玉帛"！

今天上午又是法官会议，讨论的是法官、翻译、录事、记者……的宣誓词句与方式。因为翻译和记者的誓词中有"愿上帝助我"（So help me God），我主张把它删去，至少加以变换，因为他们不一定都是基督教徒。这个主张被接受了，决定对非基督徒宣誓时不用那个词句。至于法官的宣誓，另是一套，根本没有"愿上帝助我"的字样。

此外，又讨论了诉讼程序细则上的几个小的文字修正。因为麦帅对昨天法院去函还未答复，我们对宪章条文是否抵触的问题还未释然。

散会后，柴将军趋向我握手言欢，谈了约十分钟。我告诉他我在1929年2月严冬经过莫斯科。他说："那时你必定是个小孩，因为看来你现在也不过三十左右的样子。"我不知他这话是俏皮的客气，还是真的相信如此。不过中国人因为发黑个子小总被视较他的实际年龄为轻。譬如，明思兄比我大十岁，但是西洋人看他还是三十岁左右或三十余岁，其实他已经五十一二了。这是中国人吃亏处，不知我的蓄须有济于事否。

与老柴握别后，我到酒吧间和老麦老派三人吃了一杯咖啡。出法院后我到代表团，朱将军不在，与恽组长钱主任谈了一谈并浏览了一些中国寄来的刊物。

一时回饭店用餐，餐毕又与老希在廊厅叙谈了半小时。老希告诉我：老卫三复思维，仍主采用受降签字的次序为法官座位的次序以免引起意外的误会及无谓的纠纷。我表示完全赞同，并称道老卫为人公正，头脑清楚。

回房间午睡，四至六时详细检阅最近数日的星条报和日本时报，以及最近几期的一周新闻（Newsweek）和时代（Time）周刊。外国刊物的编辑技术真高明，使人读得津津不倦。六时朱公亮来谈，我们共进晚餐，餐毕同到对面的派耳戏院去看新近上演的名话剧 "Arsenic & Lace"，题材是描写一个疯人的家庭，两个老姑子毒死了十二个人，一个疯侄也杀过十二个，中间以爱情穿插。对白很好，演得也不坏。不过这种题材太奇离了，或许对玩腻了、太满意的美国人是一种新的刺激。

散戏后朱将军又同回到我房里大谈特谈，大都是关于盟国对日委员会的近态和艾其逊接替马将军的意义。公亮的眼光很锐利，和艾的交情一向很好，我相信，他能把握住这个形势而善用之。

公亮走后，我打拳，做日记，睡时又是一点钟了。

今天下午四时打了一套太极拳，睡前又打一套。我到东京一个多月，一日两拳这是第一次了。我希望以后每天能打两次。倘是一次最好是提前到白天打，睡前打似乎不甚卫生。

前天演习时的照相，ACME 新闻摄影公司送了两张样片来，是九位法官在法院门口照的。因为阳光太烈，大家都不自然。公亮对我的姿态很感满意，他说除俄国法官和你两人之外，其余的有点老气横秋的样子。我说：他们正是西洋法官的典型呀！

四月廿四日　星期三

今天上午开法官会议，继续讨论"诉讼程序细则"草案和文件档案的翻译问题。对草案仅有些微细的修正，全部通过作为第四次草案。

正在讨论草案的时候，秘书处送来麦帅复函，内附国际法庭宪章修正条文草案。修正案对我们函询的问题，其规定是允许被告自己诉辩或聘律师辩护，但二者只许选择其一。此外宪章另一修正是增加法官二名，印度、菲律宾各派代表一人。在检察处里，印菲亦得各派助理检察官一名，协助检察长工作。

会议散后，回饭店午餐。雨下得很大，没有外出。因为明天"中央社"的曾思清先生要回国去，我午睡醒后便埋头写信，七时晚餐后，仍继续写。十点方秘书刘秘书来取时我已写好了六封，都交给他们带给曾君明天抵沪付邮。

十时至十二时看报。乱哄哄的世界，问题实在太多了。不过日本币原内阁倒台（昨日总辞职）及其继任人选问题和我国东北情势的发展，最使我关切。想到我国前途的荆棘和国际地位堕落的危险，使我半夜不能安枕。"当局者迷，旁观者清"，这种危险在国外的人大概要比在国内的人看得清楚得多。

四月廿五日　星期四

清晨阅报，载着我国五月五日召开制宪的国民大会，因为共产党及民主同盟拒推代表和东北问题尚未解决，决定延期举行。同时，马大使正在斡旋和平，政府也有再作让步的意思。

今日上午又举行法官会议，系讨论第四次修正草案，只有小的文字修改，这草案大体算是脱稿了。

草案讨论完毕各法官签字誓约，誓约译文如下：

"我们郑重保证：我们，远东国际军事法庭的法官，必定依法秉公行其司法任务，绝无恐惧，偏袒，私爱，并且依照我们的良心及最善之悟解行之。我们绝不泄漏或露布我们法庭任何分子对于判决或定罪之意见及投票，而要保持每个分子之见解为不可侵犯之秘密。"

"We affirm that, as Members of the International Military Tribunal for the Far East, we will duly administer justice according to law, without fear, favor or affection, according to our conscience, and the best of our understanding, and that we will not disclose or discover the vote or opinion of any particular member of the Tribunal upon findings or sentence but will preserve inviolate the secrecy of the counsel of every member."

签字次序为：美，中，英，苏，加，澳，法，荷，纽。我是用中文签的名，名字后面注以英译。

这个签字典礼异常简单，几乎没有任何典礼之可言。签毕散会，我同饭店午膳，午寝。

醒来，浏览昨晚淡如送来的几本图书杂志。六时到代表团和朱团长、沈顾问、恽组长及钱秘书谈约一小时，大都是关于国内情形和代表团对于日首相继任人选的态度。朱将军说他对某组阁呼声最高的党魁（鸠山）已经向总部提了说帖表示反对。这样一来，他的组阁幻想算是根本破灭了。日本首相人选要中国人同意，这要算空前创举！愿我中国人努力自爱，团结建国，以善保其国际地位！

回饭店晚餐后到小剧场看电影，片名为"Detour"（歧途），主角虽不甚著名，但情节和演技还算过得去。

十一点淡如来访，洗澡睡觉已近一点了。

四月廿六日　星期五

今天原定不举行法官会议，天气阴雨，我请方秘书来商量翻译宪章和诉讼程序细则的问题，并请他重打几份并即刻修改宪章译稿和着手开始翻译细则。

方秘书到了法院，忽然打来电话，说卫勃爵士通知他十一点半举行临时会议，要我马上到法院去。

临时会议讨论的仅是一个简单却重要的问题，便是：指定接受检察处起诉书的时间，因为季南先生有信来说下星期一起诉书便可完成，随时可以向法院递送。我们议决：下星期一午前十一时全体法官在会议室里接受。

谢天谢地！望眼欲穿的起诉书真的要提出了。机器许是真的可以开动了。我希望这不是一场虚惊或空欢喜。季南先生的话这次总该兑现吧！

回饭店约淡如午餐，遇见一位王小姐正在找他。这位小姐父亲是中国人，母亲是葡萄牙人，看来很聪明活泼，完全一股子孩气。据说她会好几国语言，她的国语和英语确实都不算坏。她在美国红十字会做事。我抵日以来，看见的中国小姐这是第一个。

饭后午睡，起来后细读一遍"诉讼细则"最后一次的修正稿，的确是比以前进步多了。

晚饭后在廊厅与老希老麦和两位美国军官闲谈。这两位军官似乎都懂得一点中国真相，其中一人还到过天津北平。但是他们修养很好，并不以近日报上大事渲染的"中国内战""长春争夺战展开""中国饥荒——几百万人在吃根叶和泥土"等类的问题相质询或作谈话资料。其实，法官同事们这一向天天看到中国糟糕的新闻，但他们守口如瓶，绝不谈中国政局问题，也绝不谈任何足以引起不快之感的国际时事。这大概就是所谓"君子人"（gentleman）的特征吧！住帝国饭店有这一点好处。我想，在别的地方，修养差的人们一定不少，真是问长问短，倒是要使我们这"五强之一"中国人难以为情了。记得三星期前，刘专员告诉我他和美军某下级军官交涉华侨配给的问题，美军官便毫不客气地说："报上不是说几百万中国人在吃草根树叶嘛！华侨又何必要比日本人好的配给呢？"刘专员把他驳倒之后，他又说："算了，我们谈别的吧，中国为什么还要内战？我们谈谈国民党和共产党所争的是什么，好吗？"——遇见这种人真是叫人"啼笑皆非"了。所幸我住在这里还没有遇见过。

不过，"止谤莫如自修"，中国还得争气才行。不争气，人家口里不说，还不是"心照不宣"吗？

　　闲谈到八点四十，老麦提议大家去看电影。因为片子太坏，我在"小剧场"坐了半小时便出来了。做日记，打拳，约十二时就寝。

四月廿七日　星期六

上午与方秘书同到代表团。我把我决定要向法官们所提出"公宴客人"的名单给朱将军商量，问他代表团中应该包括哪几位，总部方面有什么特别与中国有关系或有好感的人物应该加入进去。

朱将军开了七八个名字。回到法院，我把我所介绍的客人名单整理了一下，交给老麦（我们视他为"交际主任"）去了。关于总部方面应请的客人，例如麦帅、钱参谋长、季南先生等等，我完全照老诺的样子（因为他的单子上包罗万象，应有尽有），我只加了马克脱将军（Marquat，总部科学经济组主任，兼东京防空司令，最近辞职的盟国对日委员会美方代表兼代理主席）、费纳斯上校（Fellers，盟国对日委员会秘书长）、国际检察处新近由中国返日的沙顿（Sutton）先生和磨乐上校（Col. Morrow）。中国代表团方面，我只列了团长朱将军、首席顾问沈觐鼎先生和主任联络参谋王淡如少将。原来还打算请李济之博士和恽震先生的，因为他们不日离此，所以我就没有把他们的名字列入。

到法院看了几件例行公事，和老希在酒吧间喝了一杯咖啡，谈了一会儿天。他仍念念不忘起诉后同到上海北平去玩的企望，国内情形那样紊乱，物价那样飞涨，交通那样困难，我也只有唯唯否否，"姑妄言之，姑妄应之"而已。

午饭后小睡，起身即到联参处去看这几天的"中央社"的电讯（这是在东京唯一国内消息较详的来源，然而每天该社也不过收录十几条国内播音而已）。正在与淡如谈话，忽然盟军总部有电话到联参处，说有一架中国飞机已经到了厚木机场，这使我们感觉惊奇，有点莫名其妙！淡如派了钱上校、罗少校去接。

回饭店与淡如闲谈，方秘书刘秘书亦来加入。晚饭后在小剧场看电影，少顷即回房间打拳，写日记。因为今天是星期六，饭厅有跳舞，十时音乐大作，侍者告以有歌舞表演。我下楼去看，原来并非日本舞，而是些日本少女仿习的一些西洋歌舞节目。模仿得并不高明，歌唱的那两个矮胖子，发音表情都很恶劣。这样连梅花歌舞团都不如的玩意儿居然会被招到帝国饭店来表演！

回寝室接得一电话，是罗集谊打来的。原来今天中国飞机载的就是他们——代表团第三批人员，罗搭同机抵日。洗澡，约十二时就寝。

四月廿八日　星期日

　　清晨王将军方秘书来，我们一同乘车到代表团去访问昨天抵日的那批人员。罗秘书告诉了我一些国内的情形和他旅程的经过。他替我带了七八封信来，除了父亲、波师和婉如的之外，还有吴尚鹰、柳杰夫、江祥铎、任家丰各位来的。父亲和婉如的信都很长，并且附有剪报几段（大概都是东京的报道，如国际法庭各法官的到达、各战犯的近况之类，我三月二十日抵东京和麦帅四月十二日召宴，"中央"和"大公"都有显著的记载），读了我一个多钟头。再和朱将军谈谈，看看他们带来的中国报纸，不知不觉已经十二点多了。

　　回饭店午膳。小睡后，将法院通过的诉讼程序细则和最近发下的几个文件仔细研究一番。傍晚与淡如同去看他正在装修的那幢房子。那房子是总部前几个月代征用的，环境幽雅，花园广袤，内部布置亦甚华丽，大约有十几间，一个小家庭住绰绰有余。

晚饭后，同淡如到楼下小剧场看电影，十一时打拳，睡觉。睡在床上再读了两遍父亲和婉如的长信，虽然都是些家庭琐事亲友消息，但总觉得津津有味。古人说"家书抵万金"，这话我在此时此地更觉得说得有理。

四月廿九日　星期一

今天是法院工作正式开始的第一件大事——起诉书呈递到院。呈递仪式是在十时半举行，我九点半便偕方秘书到院去，看了几件公事便和老麦他们到法官会议室去谈天。

十时半，检察长季南携着一本起诉书到会议室来，随后跟着各国的陪审检察官也到了（我国检察官向明思兄回国去了，今天是由刘子健秘书代的）。法官们围着会议桌坐着，检察长坐在庭长的对面，各国检察官坐在四周靠窗的椅子上。

检察长向法官们发言，略叙起诉准备经过，请示准许呈递起诉书，庭长允其所请，并命秘书长出具收据。随时请检察长列席法官会议，陈述他对于法院开庭受诉的日期的意见。即所谓 Arraignment——是时法院正式开庭，受理起诉，并个别询问各犯人"有罪"（guilty）或"无罪"（not guilty）。这是英美法的特别程序。在大陆法系的国家 Indictment 和 Arraignment 是不区别的。

季南先生表示：起诉书副本检察处既已准备多份，法院今天便可分发各犯人，他们决定应诉（即 plead not guilty）或不应诉（即 plead guilty），那是一件很容易、简单的事情，他看只要三四天便够了。根据这个意见，法院决定在本星期五上午十时半首次开庭，届时检察处正式公开对各犯人起诉，各犯人及其辩护律师到庭声明"无罪"或"有罪"（即应诉或不应诉）。

这个决议之后，检察长和各国检察官们便退出法官会议室。这个所谓"起诉书呈递"（Return of Indictment）便算完毕，所费时间一共不到一个钟头。这种仪式是在 Judges sitting in chamber（"室内"）面前举行的，与所谓 Judges sitting in open court（"开庭"）面前举行的不同。

会议完毕，进来了好几个新闻记者和摄影师，其中一位是"中央社"东京特派员张仁仲先生。他是一个活跃能干的青年。他叫摄影师替我们二人同在一起摄了一个照。他随我到我的办公室，向我提出了一些问题。他对我的位席是排在第二，紧靠庭长的左手，表示满意。他说他已经听见外间关于法官座位的次序问题有许多流言，所以知道这其中必定经过了一番明争暗斗，钩心斗角。他对我能够保持国家应有的地位表示庆贺，说必定打电报回国去宣传。我说这是我国八年浴血抗战的结果，我个人实无功绩可言。只要我们国家努力和平建设，国际地位必可保持不堕。倘使国家不争气，我们的地位在任何国际场合中恐怕都会一落千丈。

关于法院的情形和最近几天的进行程序，我请方秘书给他详细谈了一番。十二时他辞去，我到酒吧间与老希老罗他们谈了半小时的天，老柴也在座。大家对于法院机器在开动都很感觉愉快。

回饭店，约请来店便餐的恽震组长和李济之博士已经在我房间等候了。恽先生后天飞美国，出席华府远东委员会的赔款会议。李先生后天回国，因为中央研究院和国立博物馆有许多工作正在等着他。

饭是在房间里开的，我们吃吃谈谈很是高兴，分别时已经三点多了。

午睡起来，到中国联参处看中央社电讯，并接淡如回饭店。

前几天见过的那位王小姐（我抵日后看见的第一位中国小姐）因为有点事找淡如。淡如邀我同到饭厅吃晚饭。饭后看电影，是一部五彩片子，还算热闹，但是剧情可算是一点没有。美国片子大都如是。

客人走后，打拳洗澡，睡时约十二点钟。

四月卅日　星期二

今天没有法官会议，天气阴雨，我上午未到法院去，却派方秘书引罗秘书到法院去看看，怕的临时有什么事情发生。

我自己在房里再仔细研究了一下诉讼程序细则，和几件关于法庭里翻译问题的几件公事，并补作日记。

中午方秘书约了"中央社"记者宋德和先生到饭店来午餐。宋先生是我国鼎鼎大名的随军记者，曾随盟军登陆太平洋群岛和日本本土。他是"中央社"海外记者的台柱之一，我在国内已经读过他不少的通讯。他只三十多岁，英语流利，人极活跃，富于创造性。他说"中央社"在东京的地位很高，比 A.P.（美协）、U.P.（美联）有过之无不及，但是人手太少，他的助理曾先生回国后，他唱的是独脚戏（他也是新近回国走了一趟才回来的）。他对日本的内情很透彻，与总部和日政府的联络功夫都做得很好。他虽也承认麦帅逐渐袒日政策的危险性，对一般国际大局的发展并不悲观。他认为美国决不会亦不能放弃中国。他对今天报载国共谈判决裂（即蒋主席最后拒绝由马歇尔转递的共产党关于东北的要求），认为亦不足悲观。

我们很痛快地谈到两点钟。他辞去后，我到法院去参加法院开庭演习。

今天的演习，检察官（中国是由代表团沈顾问觐鼎代表）和法院职员都到了。但是演习的结果非常之糟！原来今天是要试验英译日、日译英的程序效果和翻译人员的速度技能的，结果由于卫勃爵士的一贯的用英语推行，而秘书长和总指挥又不敢打断他，停止他；所以及至散庭，这个试验一点都未举行。事后卫勃大为不满，他决定明天他一个人（其他法官不必到）再来试验一次。

演习完毕，法官们聚谈了约半小时。我回到办公室，沈顾问方罗二秘书都在等着。我叫了几杯咖啡，大家谈了约半小时天，便送沈先生回代表团去了，我也下车登楼和公亮将军闲谈了片刻。

回饭店晚餐，与同事们大谈特谈。大家对于今天"演习"觉得劳而无功，有点滑稽。

八点四十分淡如约看电影，未及终场便回到我房里闲谈——大都是关于中国代表团的机构和人事的问题。淡如有很重的牢骚，但也有不少的特殊见解。他自菲律宾起便在麦帅总部任联络官，已经五年，对于中美联络工作之应如何推进自有一番深刻的认识。淡如去后，打拳，做日记，睡时已近一点钟了。

五月一日　星期三

晨起翻开报一看，载着日本暴徒想在劳工节谋刺麦帅的大字标题，并刊有某嫌犯的照片。但细看新闻的内容却言之无物，十分空洞。我想这大概是别有作用吧！

今天没有法官会议，但是因为劳工节休假而且我傍晚要偕淡如到热海去游览沐浴，所以上午我还是到法院去了一趟，看了些例行公事并和隔壁老麦谈了一会儿天。

回到饭店，"中央社"的宋德和先生来访，他要请我同方秘书去吃饭。他说他和三个美国记者租了一幢房子住，原可去吃点中国菜的，但是今天厨子告假，只好请我们到记者公会去吃。

我们同到记者公会饭厅且吃且谈，很是痛快，并且遇着张仁仲先生和几个美国新闻记者。记者们总是活泼的。这个饭店的空气设备乃至女侍都和帝国饭店不同。相形之下，帝国饭店确实太"老气横秋"了。

我问宋先生今天"谋刺麦帅"的宣传是什么意思。他仿佛也默认是别有作用，他说你没有注意明天的"游行"都加有"共产党"字样吗？我们相顾一笑。

饭后小睡，三时淡如来。我们到经理室领了晚餐食粮，便坐我的车子向热海出发。同车的有一日人，他在东京工作，家住热海，每日早来晚去，上次我们去热海，他也同了搭车去。我们为方便起见，这次仍让他同去。他是一个商人之子，曾到过上海。据他自己说他在战前就反对军阀侵华，并且做过文章反对。"姑妄言之，姑妄听之"，我们不过因为他是热海土著，让他搭车自有许多方便，而且谈谈本地胜迹风光也可以解解旅中寂寞。

车走了约三个钟头，傍晚才到热海。我们住在山王饭店 Sanno Hotel，是西洋式而非日本式的，与"大黑家"不同。旅馆房间很干净，是由盟军总部监督管理的，所以卫生和秩序都很好。招待中有一个老者能操英语并且到过欧洲，所以供应上有他翻译很感方便。

房间开好了，我们便开始晚餐。八点多钟，那位同车的日人把他太太做的几样小菜送来我们解酒，并把他家里的留声机也搬来了。我们听听歌，喝喝酒（我是以茶代酒），不知不觉已经九点多了，上街散步了约半小时，回饭店洗个澡（热海以温泉澡著名），因为车上太疲倦，不到十一点就睡了。

今天我们穿过许多小村落，看见他们的房子——无论是农村住宅，戏是街市商店，都是玻璃木板砌成的，像鸽子箱或火柴盒子一样，根本没有高墙厚壁，更没有门上加闩、闩上加锁之类的设备。可见日本一向似乎没有治安问题。但不知这是自古以来便是如此，还是工业化了国富民裕之后始然。这是我要求解答的一个问题。想到我国农村阴沉沉的情况，我不觉毛骨悚然。

五月二日　星期四

明天是远东国际法庭的大开幕。虽然是劳工节，我依然记挂着怕要举行临时法官会议，所以不到六点便醒了。热海是以温泉浴著名，我再到小池子洗了一个澡，稍用茶点便偕淡如乘车向东京回程出发，车夫虽有些困倦的情形，但车子还算开得平稳，也很迅速，不到九点半便到了帝国饭店。

方秘书来电话，说没有法官会议，法官们也只有两三位在院里。我于是决定不到院，而以所有的时间去仔细看看起诉书。

起诉书（我看的是英文本）很长，很密很大的打字纸约有四十多张。但主文只有十四页，其余都是附录。

诉因（counts）共有五十五个，分为三类：

第一类——违反和平之罪（诉因 1 至 36）。

第二类——杀人罪（诉因 37 至 52）。

第三类——习惯战争犯罪及违反人道之罪（诉因 53 至 55）。

被控战犯共有二十八名，都是近年来在日本政治军事经济文教各方面负重大责任的首脑人物。依照他们英文名字字母的先后排列，其次序如下：

1. 荒木贞夫 Araki, Sadao；

2. 土肥原贤二 Dohihara, Kenji；

3. 桥本欣五郎 Hashimoto, Kingoro；

4. 畑俊六 Hata, Shunroku；

5. 平沼骐一郎 Hiranuma, Kiichiro；

6. 广田弘毅 Hirota, Koki；

7. 星野直树 Hoshino, Naoki；

8. 板垣征四郎 Itagaki, Seishiro；

9. 贺屋兴宣 Kaya, Okinori；

10. 木户幸一 Kido, Koichi；

11. 木村兵太郎 Kimura, Heitaro；

12. 小矶国昭 Koiso, Kuniaki；

13. 松井石根 Matsui, Iwane；

14. 松冈洋右 Matsuoka, Yosuke；

15. 南次郎 Minami, Jiro；

16. 武藤章 Muto, Akira；

17. 永野修身 Nagano, Osami；

18. 冈敬纯 Oka, Takasumi；

19. 大川周明 Okawa，Shumei；

20. 大岛浩 Oshima，Hiroshi；

21. 佐藤贤了 Sato，Kenryo；

22. 重光葵 Shigemitsu，Mamoru；

23. 岛田繁太郎 Shimada，Shigetaro；

24. 白鸟敏夫 Shiratori，Toshio；

25. 铃木贞一 Suzuki，Teiichi；

26. 东乡茂德 Togo，Shigenori；

27. 东条英机 Tojo，Hideki；

28. 梅津美治郎 Umezu，Yoshijiro.

这二十八个名字，大半我都熟识，他们几乎都曾为害中国，尤其是土肥原这家伙，他是制造中国分裂内乱的专家，阴谋多端，诡计百出。他的大半生的历史就是一本毒害中华史。其次，松井石根，他是南京大屠杀的总指挥，中国人是永远不会忘记这个刽子手头目的。至于板垣、小矶、梅津……都是侵华健将，妇孺皆知，至于那九一八后出席国联的松冈，一二八淞沪战争在虹口炸断腿的重光，和那中日提携三原则的创造者广田——这些人二三十年来都和中国结了不解之缘，中国人对他们的名字是耳熟能详的。

起诉书那么长，读到午饭时我仅读完约三分之一。

午饭后小睡。起身后打太极拳。四时起再读起诉书，愈读愈使人愤怒，到六点总算是把正文读完了。淡如来，向明思兄也恰巧由中国赶到，准备出席明天的大典。我们叫了茶点，大家畅谈了一番。

因为后天中国专机要回上海，李济之博士将随机返国。明天开庭要忙一天，我只有在今天晚上赶快写几封信托他带去。

晚饭后埋头写信，一共写了八封，其中一封是给孙院长请求续假三个月的，因为我向"立法院"告的事假三个月（二月十日起）到本月十日就要届满了。其余几封是给父亲、波师、沣叔、秋原、一飞、敏恒、杰夫（附婉如）、继纯和复旦友人的，信内都附得有英文剪报两份，载有起诉书要旨，法院审理程序和法庭、法官们的照片，以及各被控战犯的个别的摄影（我请罗秘书在他们的名字下注上中文）。这样一来，我的信便可以极端简单，因为他们看了附件便会很真切地明白我所要告诉他们的事情。

用这个方法，我在两小时之内便完成了八封内容很丰富的信，而且写好信封，贴好邮票。我很感觉满意。到酒吧间去吃杯可口可乐时，遇见庭长老卫，他说："明天是我们的'开张大吉'的日子，早点睡觉吧。"我们相顾一笑。我回房做日记，睡觉时又是快近一点了。也罢！

今天自热海回东京经过横滨一带，看见许多劳工团体的结队游行，秩序良好，男女工人衣着都还整洁，身体也很壮健，在千万人群中毫无营养不足的现象。我真奇怪为什么麦帅总部还天天替日人叫粮食恐慌，为他们无微不至地打算。这样的战败国也可算是"天之骄子"式的战败国了。比起我们多劫多难的战胜国，我们真不能不自叹弗如！

劳工节游行的另一可注意的现象是红旗子特别多。我问了一个智识界的日本人，他说：往年并不是如此。红旗象征革命，甚至于赤化。世界是向左走的，大势所趋，谁也不能阻遏！

五月三日　星期五

　　今天是远东国际军事法庭正式开演的第一天，也就是我参加客串的这出富于历史性的戏剧的开锣第一幕。

　　我回忆起三个月前在重庆接着政府派命的那段故事的经过。因为缺乏司法经验和不愿离开正要复员还乡的家庭，我接着政府派令的次日便上了辞呈，并将派令送外交部转缴"行政院"。但是不到几天，外交部当局便找了孙院长写信给我关劝，而孙院长本人也竭力怂恿我接受这个使命。记得有一次谈话的时候，他说：这是千载难逢的机会，不但有价值有趣味，而且可以历史留名。试想：半年以前，我们想得到有扬眉吐气的今天吗？去年今日，独山、都匀正在沦陷，连重庆都人心惶惶，那又是何等景象？我说：国家兴亡，变幻莫测，这简直是和演戏一样。孙院长说世界本来就是一座舞台，历史也不过是一串戏剧。既是戏剧，你就不妨在这一出里担任一角。

　　真的，我已经担任一角了，而且我们这出戏马上就要开演了。

法院开庭规定时间是十点半钟，为了避免交通拥挤和恐怕临时召开法官会议，我九点半钟就由饭店乘车到法院去。沿途经过倒看不出什么，不过快到陆军省的附近，行人车辆都比往日多起来了，走近法院门口，警卫比往常森严多了。进了大门，看见在广场上排列了许多车辆，其中一辆紧闭的救护室的大卡车据说就是今天大早装载二十六个战犯来的，他们八点半钟已经从大森（Sugamo）监狱押解到了（还有两个是从南洋今天上午方才押解到东京）。

我进了法院依然是到自己办公室里。老麦先我而到，他过来谈论了几分钟。十点过了不久，朱公亮将军和我派往陪迎的罗秘书一同到了。谈了几分钟，我请罗秘书方秘书引他到"贵宾席"里去坐下，我自己便穿上法衣到会议厅里和同事们谈天，这时九位同事几乎全到了。还有英国的屋莱特爵士（Lord Wright——他是特意赶到日本来观察的，他也观察过纽伦堡的国际审判。他年纪很大，是当今国际法的权威），他也在场陪我们谈天。

十点半到了，总指挥来报告说那两个从暹罗（Siam）押解板垣征四郎和木村兵太郎的飞机今晨已经到了厚木机场，载这两个犯人的车子正在向东京疾驰，不久即可到法院。

我们听了这个消息很是高兴，决定命总指挥向观众报告延期半小时开庭，免得改日再为那个犯人再要重新"表演"一次。

十一点已经过了十分，他俩还没到，电话过问机场说方才动身二十分钟，至少要一个钟头才得到。我们为免使观众失望起见，决定马上开庭，下午续开时再读起诉书。

法官们入场顺序和座次早已没有问题，今天到院的时候庭长已有书面通知，除庭长领首外，行列和坐席都以美中英苏加法荷新印菲为顺序。我们鱼贯而行，我是介于美苏之间，到了门口，总指挥口喊"静"，我们进门时，他又高喊："观众起立！"（Spectators rise！）我们依次步上审判台，各人站在自己的大高椅后面，全都站齐了方才坐下。我们几个人坐定了之后，总指挥才喊："坐下！"（Be seated！）在场的检察官、职员，以及全体观众才落座。

因为法庭很大，走廊很长，台子又高，法官人数又多，穿着法衣在身上行动又缓，所以这一小小节目便占了近十分钟。这时最紧张，全场电光四射，就同在太阳里的广场上一样，摄影机、照相机不断地扫射。

庭长卫勃爵士开始读他预备好的开幕词，继之以翻译，因为照宪章，这个审判的一切都要用两种文字进行的。

　　在读庭长开幕词的时候，我仔细用目光扫射了一下法庭的情形。

　　在法官台的下一层坐的是法院秘书长、干事长、书记官和各法官的秘书。方秘书坐在靠右手的第三个位子。

　　面对着法官台和秘书座，是检察官席，季南检察长坐中间，中英苏澳加法荷新印菲各国的陪席检察官依次围着一张长方桌子坐着。检察官席之左右也是两张大长方桌，一张坐的是被告律师，一张坐的是法院记录和翻译人员。发言放大器置于检察官席和被告律师席之间。

　　在这三张大方桌之后，面对着法官台的便是犯人座席，是一个比地面高出数尺的长方形的台子。二十六个战犯分为两行都端正地坐在那里。因为电光太强，摄影机骚扰太甚，而且法官们的举动又在万目炯炯的监视之下，我对这一大批犯人并没有个人对照认识的余暇，虽然每个法官座上都摆了一张很清楚的犯人照片，而且这照片是依照他们的座次排列的。我只注意到坐在中央的东条，和肥圆圆脸的土肥原。在东条后面坐的是大川周明，他装有神经病，时时作想骚扰的样子，美国宪兵在他后面制止，有时还要用力把他抱住。他已有书面请求检验他的精神和身体状态。他是二十六名中表演得最滑稽和最引人注意的一个。其余各人都是板着面孔，佯作镇静，尤其是东条，简直一动不动，和石膏塑的人一般。

我虽不暇多事辨认这二十六个家伙，但是他们面对着我的这一群，使我内心发生无限的愤恨，无限的感触。这些人都是侵华老手，毒害了中国几十年，我数百万数千万同胞曾死于他们的手中，所以我的愤恨便是同胞的愤恨。我今天能高居审判台上来惩罚这些元凶巨憝，都是我千百万同胞的血肉换来的，我应该警惕！我应该郑重！

法庭的右方是两层的楼，楼下完全为新闻记者和摄影师所占，盟国的和日本的各分一半，共约四五百人。他们是今天工作最忙的一群。楼上是旁听的观众，也是盟国人和日本人各占一半，界限分明。不消说旁听席都是挤得满满的，但是秩序极好，因为没有票的根本不得进来，今天进来的大都有些门路，要算幸运的了。据说旁听票一星期前就定空了。

法庭的左方也是两层楼，但地位较小，大约仅能坐一二百人。这些座位是"贵宾席"。今天贵宾席上坐的都是盟国在东京的一等要人，尤其是美国陆海空军的高级军官。我国只有朱公亮将军一人，由我派的罗秘书招待。他是和第八军军长，麦帅底下的第一红人艾其勃格（Eichelberger）将军并肩而坐，颇引人注目。麦帅自己并没有到场，据说是欢迎到远东来调查粮食恐慌的美前总统胡佛先生去了。

庭长开幕词译毕之后，季南检察长请求介绍各国的陪席检察官。明思兄是最先被介绍的一人，菲律宾的洛贝兹（Lopez）殿后。

其次，法院的记录官和美籍日籍的翻译人员宣誓，由总指挥米达（Van Meter）监誓。

这些节目完毕，庭长宣布休庭，等下午二时半其他两个犯人到齐，再正式朗诵起诉书。

总指挥大声命令全体观众肃立，我们鱼贯而退。大家到会议室休息片刻，回饭店午餐。

饭后午睡了约一小时，两点半前我赶到法院。开庭的仪式和上午一样，观众依旧是很拥挤。在犯人台上，多坐了两个人——那便是今天上午专机从暹罗解到的板垣征四郎和木村兵太郎。板垣是侵华头目，我对这名字很熟，我得多盯他几眼。

不过今天是开庭的头一天，事事物物都仿佛很新奇，我也顾不得多辨认对面的一群犯人。但是我看见那一群家伙就不免义愤填胸，好像同胞的愤恨都要在我一个人的胸口内发泄似的！好在时间还早，这不过是一个开端，这些元凶巨憝既在法律的掌握之中，他们必定逃不出正义和公道的严厉制裁。

今天下午的节目很简单，只是由总指挥米达（Van Meter）和代理书记长德尔（Dell）轮流朗诵起诉书而已。每读完"诉因"（count）一个，便要来一次翻译。用两种文字，这是不可避免的麻烦。我希望由美运来的八百副耳机到了之后，这麻烦可以减至最低限度。

花了两小时，才读完22个诉因，庭长宣告休庭，明天九时半再开。在宣布休庭的时候，那装疯的大川着到东条头上打了两下，并声称"我要杀死东条"，引得哄堂大笑。

我们退出后便到会议室，一面喝咖啡，一面讨论大川的问题，结果是通过允许他的申请，把他还押大森监狱，由法院指定两个医生检验他的神经和身体状态，看他是否适宜于到庭受审。

这议案一通过，大家急忙散去。这是辛苦一日的完结！

我因为明天中国飞机返沪，回饭店后赶紧整理信件和包扎送赠婉如的一包东西。

七时半我乘车到代表团，亲自交给李济之兄。话别了约十分钟，我赶了回来吃饭。饭毕已经是九点了。老麦他们邀看电影，人太疲乏未及终场而出。打拳，洗澡，睡时已近十二点了。

　　今天是机器真正开动的一天，我希望一切从此急转直下，不再延宕。想到这里，我感觉说不出的愉快！

五月四日　星期六

今天是远东国际军事法院开庭的第二天。晨起找来《星条报》和《日本时报》一看，满页都是登载着法院昨天开庭的新闻和各色各样的照片——法官的、战犯的、法警的，最显目的是一张占半页报纸的法院全景摄影，在新闻报道里大川敲了东条两下头是最受描写的一个节目。

今天是九时半开庭，我九时便到了法院，和同事们在会议室谈了半小时的天。

开庭的仪式完全和昨天一样，旁听席仍旧是客满。我们缓步走上审判台，坐定之后，庭长命令书记官长代理继续读起诉书，从第廿三诉因起，每读完一段，便翻译一段，听了不免使人烦腻。

在朗诵的漫长过程中，我今天特别注意辨认各战犯的形容和表情。我把他们的姓名、照片、座位对照来看了几遍。他们的名字和面目都引起我许多回忆和愤恨，尤其是那坐在前排顶右端，面团团的土肥原。他强作镇静，有时蠕动得很厉害，露出不安的形情。东条依然是死板板地像泥塑的一样。荒木这七十岁的老家伙（他尝唱十万竹刀灭俄的谬论，荒谬绝伦），他的银白色八字胡须长得芜长，绝不似以前照片上的那样整齐。这老家伙眼睛老是睁着，嘴唇蠕动作欲语状，看来很有点倔强的样子。其余的虽然姓名都曾煊赫一时，但是他们此时此地的形容都平凡庸碌得很。怪不得《星条报》今天描写战犯形态的一段是以"不像当年一个强大帝国的统治者之一群人"。真的，这群家伙今日确实丝毫没有当年的威风和豪气。他们平淡得好像你在东京或上海任何公共汽车里可以碰见的一车搭客一样。最可怜的是那曾在国际间翻云覆雨红极一时的松冈洋右。他在"九一八"后代表日本退出国联，侮辱中国为地理上的名词；他曾制造三国防共协定，他又手创苏日中立条约，还在莫斯科车站与斯大林元帅拥抱过，接吻过。这小子今天面黄肌瘦，形容憔悴，脸上横胡子之外，又是直胡子（英文报说 He had a moustache and a beard），其实他的胡须根本就是芜杂一团，未加修整。其次便是南京大屠杀的总凶手松井石根。我的天，这简直是一个驯服得像绵羊似的可怜虫。英文报上说这位当年杀人如麻的大将很像一个失了业或欠薪已久的银行小书记。这话再恰当没有！看见松井大将使我想起《日出》里的那个小职员来。

这一群犯人外表看来实在和中国人没有多大差别。但是这些家伙，以及他们的前辈，偏要高唱民族优越的谬论，来毒害其国民，使他们夜郎自大目中无人，妄想吞灭中国，席卷东亚，乃至于征服世界。这些不度德不量力的家伙陷害日本国家民族于如此空前的浩劫。他们不仅是中国的仇敌，世界的仇敌，而且也是日本人民的仇敌。我们看见他们的尴尬面孔，我内心里一面固且是燃着民族的怒火，另一面却又不免感到悲哀。我希望我这次参加这出历史剧的努力，能有贡献于创造世界各民族真正互尊互谅的新原则！

朗诵起诉书到了十点半，庭长宣告休息一刻钟，我们退到会议室，每人吃了一杯咖啡。

十点三刻继续开庭。松冈的律师说松冈身体太坏要求准予退庭。老卫问："有无马上晕倒的危险？"律师答："有！"但是老卫仍未允其所请，说这问题须下次休息时间里由法官会议决定。

在继续朗诵和翻译之际，我除注视犯人之外，同时也在数着多少个诉因是关系中国的。我发现在五十五个诉因（即 count）之中，有十二个是完全关系中国的，有三个是与中国有密切关系的。我们的证据资料并不多，将来检察处是否能够充分证实这些诉因？想到这样，我不免有点杞忧。

十一时半起诉书朗诵算是完毕，五十五个诉因都用两种语言念完了。但这只是主文，而主文只占全起诉书三分之一，附录占三分之二。

至此，大家都有点感觉干燥不耐。庭长问被告律师是否同意免去附录的公开朗诵。被告律师请求以十分钟工夫大家磋商后再答复。结果是同意免去。这使大家都松了一口气，否则两种文字念起来恐怕至少非再要六七小时不可。

约十一时半庭长宣布休庭，下星期一九时半再开。

退出法庭后在酒吧间大家谈了一会儿天。我回饭店午膳。因为这两天神经太紧张，身体也有点疲乏，我午睡起来已经四点多了。

乘车兜了半小时的风，呼吸点新鲜空气，顺便到中国联参处看看这几天的中国电讯。胡佛将去中国调查粮食恐慌，马歇尔仍在不懈地调解国共，争取和平，国民大会宣布延期，而国民政府却正式规定了五月五号为还都纪念日。

回饭店休息片刻便接到公亮将军的电话，请我早点到中国菜馆天华楼去吃饭。我七时到达，同桌的除明思、淡如、公亮自己外，还有一位美国运输司令班德上校和他带的两位方由上海抵日的石小姐、祁小姐（医生）。

晚饭吃过了，大家兴致很高，除明思外，大家全体到帝国饭店音乐厅去跳舞。中国小姐到帝国饭店跳舞，这是战后破天荒第一次（战前我不知道），颇引注意。十时日本歌舞班表演西洋歌舞，比上星期进步。日人虽善模仿，但终不免画虎类狗之感。十二时舞散，大家分手。我回房洗澡，睡觉时又是一点多了。昨今两天不能不算新颖而富于刺激的二日。

五月五日　星期日

昨前两天太紧张疲乏，今天礼拜决定彻底休息一天。华莱士来问时，我下决心地告诉他："今天我不出去，你可以安心去玩一天。"行无车，心安理得，一切念头都没有了。

除淡如来谈了一会儿天以外，今日一上午我都是补做日记。午饭后小睡，起来后打拳（我近来太极拳常移在下午午睡起身时打，这或许较睡前打为卫生，但是有时事实上来不及，有时又会忘记，不如夜深人静容易记得起来）。三至五时仍补做日记。五时公亮将军领了昨晚那两位中国小姐来，她们住在横滨，是到东京来逛街和买东西的。朱将军说："她们知道法官是中国人住在帝国饭店的唯一贵宾，不能不来拜访。"我叫了些茶点、威士忌和"可口可乐"招待。七点她们辞别回横滨。

晚饭是在法官 reserved 席上吃的，大家谈谈这两天的感想，倒也愉快，因为"机器"已经开动了，而且开得不慢。

老麦老罗坚邀我看电影。片子莫名其妙而且时常间断，我溜回房里，看看报纸和画刊，十点半便睡了。来东京起，这要算早睡的一日！明天各战犯答辩，又怕是很紧张热闹的一幕吧！

五月六日　星期一

今日是很紧张的一天。法院九点半钟开庭，观众依然挤满了所有的旁听座，不过"贵宾席"上似乎没有前两次的人多，我国朱将军因为参加胡佛前总统阅兵典礼也没有来列席。

开庭第一件事便是由检察长向庭上介绍新抵东京的印度陪席检察官曼朗先生（Menon）。其次便是被告律师代表清濑一郎博士（Dr.Kiyose，他是东条的律师）唱名一一介绍各犯人所聘的辩护士。这些人看来似很平凡，据说都是东京的第一流律师，其中并有东京帝大法科学长和明治大学的校长在内。

清濑是个日本人中的中等身材，年纪大约六十上下，须发都已灰白，不修边幅，看来好像个老学究的样子。他发言总带笑，表示卑谦和善的形气；声音虽不洪亮，但经今天那个英语很好的青年翻译起来，却句句都很有力，他是今天最出风头的一个。

他要求发言，说他要攻击（challenge）审判台上的法官，同时对远东国际法院的管辖权（jurisdiction）之范围也有异议。

这时法官们和观众都有点紧张了。他从容不迫地提出卫勃爵士不配任庭长和法官的四大理由（并未加充实，只有指摘卫勃爵士曾任澳洲战罪委员会主席，签署过一个关于日军在新几亚暴行的调查报告，这一点是实在的）。这时老卫很感烦闷不耐。季南也到播音机前发了一二次言。但是清濑依然不为所动。

老卫声明这事关系他个人，愿听同事们开会议决，开会时他决意回避，结果容再当庭报告，旋即宣告休庭十五分钟。

我们八个人（老卫不在内）退到会议室，大家神经都很紧张，尤其是清濑似乎说过他对每个法官都有攻击及异议。

讨论时大家都曾发言，很是热烈，但我不能宣布或泄露会议席上任何法官（我自己除外）的意见，因为这是违背誓约的。

我们在紧张的空气下，讨论所得的结果是：根据法院组织宪章第二条，法官们是由盟军最高统帅依照各国政府的推荐而任命的。既然如此，我们法官们自没有任何权力决定我们自己之中任何人之任免或回避。这事决定之后，我们请老卫来出席，把结果通知他。

约二十分钟，法院再开庭，仍由卫勃爵士主持，观众蠕动，交头接耳，似乎在期待什么。

老卫未发言之前，我们公推诺斯克罗夫特先说几句话，报告法官们审议的经过和结果。老诺简短声明之后，法庭照常进行。

今天最重要的节目到了，这便是犯人个别地对起诉书之控诉作"有罪"或"无罪"之声明！

首先被唤起立答复的是荒木贞夫，因为他的名字（Araki）是以 A 字起头。这个有点桀骜不驯的老家伙很不舒服的样子，口里叽叽咕咕说了好多句。我叫老卫赶快干涉他，老卫说：荒木，我们不要你演说，只要你说"有罪"或"无罪"。荒木仍旧不耐烦的样子，说："我活了七十岁，从未犯过对和平人类之罪，或任何被控的暴行。"

荒木过后，其余的都似流水般的说个"无罪"。有的说时忿忿然，像在操场上发口令一样，尤其那山下奉文的参谋长武藤章。

松岗洋右毕竟洋派一些，虽然他病得像要死的样子，他用并不很好的英语说了一句"Not guilty to all and every count"。

东条是被唤的第二十六名。他最引人注意，站立时许多镜头都对着他。他很镇静很响亮地说了一句："对一切的诉因，我声明无罪。"

二十八名犯人（其中大川一人因未到场，暂行从缓）声诉完毕，法庭征求检察官和被告双方关于实际开审听取证据之日期的意见，双方颇有争辩。最后庭长经咨询同人意见之后，正式宣布：五月十三日（下星期一）为辩论并裁定法院管辖权问题之日期；六月三日（即四星期以后）为法院正式、实际开审，听取证据之日期。旋即宣告退庭，下星期一九时半再开。

回到饭店，"中央社"驻东京特派员张仁仲先生在候，我们一同午餐，谈论了许多国内时事、日本政潮和今天开审的情形。

张君走后，我午睡了约两小时。起身后打拳，五时余到代表团去看"中央社"电讯和旧中国报纸。朱将军很高兴，因为中国代表团所反对的鸠山，今天已经被总部禁止不许组阁。一块要到口的肉不得不放弃了。而且这人颇有列为战犯的危险。

因为五月十号是我向"立法院"告假三月届满之日，我临走时拟了一个续假三月的电报，托公亮交代表团自己的电台发到南京去。

公亮同我到帝国来吃晚饭，饭后到派耳戏园看杂耍和电影，"将官特厢"里仍然只我们两个人。

十一时公亮回代表团去，我洗澡睡觉。

五月七日　星期二

今天上午到法院办公，看了些例行公事，并与老麦谈了谈天。大概昨天太紧张，今天同事们到院的特别少。美国老希来我办公室，他还念念不忘上海之行。我说假使有专机，我一定陪你去。他说：我们努力吧。他准备下午去接头。

回饭店午餐。餐后小睡，起来打太极拳。五时淡如来谈，共进晚餐。

饭后我把这几天的报纸仔细检阅一过，看看各国舆论对于我们远东国际法院这几天受理起诉和开审情形之反响和批评。归纳言之，日本报纸是表示满意，因为他们要把战争的责任往这班元凶巨魁身上推。美国方面，臧否不一。有一部分人士认为被控的人数太少，许多罪魁都漏网了。有一家报纸（似乎是 Washington Sun 华盛顿太阳报）径直说日皇天字第一号的战犯，不应让他逍遥法外。英国自治领的报纸也有这种说法（澳新二国一贯是主张战犯名单中应列天皇的）。苏联对法院开审事论列甚少，但有一家报纸很激昂地主张应置天皇于法。我想：天皇这次因为政治原因虽幸而未被起诉，但这事难免有"旧话重提"的一天，至少他难免有被传唤出庭作证的可能——这只是我个人的一种感觉，一个猜想。

读完许多报纸，有的我还把它剪裁下来了，不知不觉已经十一点多了，忙写这两天的日记，约一时许就寝。

五月八日　星期三

晨起打开报纸一看，中国新闻依然是占很显著的地位，但并没有好消息：国都虽算迁回南京，但国共问题丝毫无解决的征象，马元帅似乎也没有多大办法。据公亮说：这次胡佛到东京曾与麦帅畅谈数小时，对中国事情颇表悲观，所以他对记者询问华事时严守沉默，仅说中国灾情惨重而已。

我看到麦帅四月份管理日本的报告书，说日本已渐走上真正民主之途。这虽未免过于掩饰，但麦帅的提携政策确使日本经济上占了不小的便宜而渐渐走上复兴之途，这是不可否认的事实，与我们胜利的中国对照，使人怎能不感惶愧？

早餐后我把方秘书翻译的远东法院"诉讼程序细则"中文稿仔细校阅了一遍，略加修正。十时半携到法院请罗秘书集谊用毛笔去抄写一遍。

正在批阅例行公事，希金斯的电话来了，请我到他办公室商量下星期一开庭毕休审（大约有三个星期）时期中的"中国之游"的计划。他的女秘书华洛斯（Miss Ferros）女士非常想同我们去，因为她的堂妹在上海。我们打了许多电话打听交通工具和接头办法。磋商的结果是非有专机不可。倘使真的要游北平的话，因为我们在华的时间太有限（至多两礼拜）而且国内纷纷扰扰，谋交通工具一定很困难。我告诉老希说："我太太由重庆到了上海没有我还不知（我猜想十四五号一定到了，但也不敢十分确定）；但若我们能从总部谋到一架专机，我决偕你回祖国走一趟，并聊效地主之劳。"我们分别时，以找到专机相祝望。

回帝国饭店午餐，小睡方起，方秘书从法院打电话来，说希先生奔走的结果，专机问题已经初步成功了。他今晚或明晨会找我详细商谈。这使我出乎意料地高兴！真的，我数天之内便有回国走一趟的希望了！

五点至七点，我把被告律师所提关于法院管辖权的意见书仔细研究了一下，因为这是下星期一大辩论的根据所在。这意见书共有四点，其中最重要两点是：

（1）法院宪章规定处罚发动侵略战争及违反和平人道是违背波茨坦（Potsdam）宣言（只说"严惩战犯"），所以是超乎范围以外之越权行为。

（2）起诉书上有二三个"诉因"是陈旧事实，与此次战争无关，且日苏已订有协定，和平解决，其后两国又缔有中立条约，并非交战状态。这些旧事重提非但不合理且有"溯及既往"之嫌。

——这两点就法理上讲都有相当理由，第一点比较易于解决，第二点似乎很是复杂，而且独涉苏联，更是微妙。总之，下星期一必有一番大辩论，我们那时的裁决或许在法学史上具有历史的意义。我对这两问题还得事先仔细考虑。

晚饭后，我看报，看书，做日记，但对祖国之行片刻不能忘怀。我打了三次电话到老希房里，哪知总是无人接应。及到十一点半，他老先生还没回饭店来，大概他也是太兴奋了吧！或许他还在继续为专机事再接再厉奔劳呢！也罢，我打拳洗澡，睡时又是快近一点了。

五月九日　星期四

起身不久，便接着老希的电话。他说专机交涉难关已过，大体算是成功，现在只剩手续问题了。他请我十时到法院办公室去详商一切。我很愉快地答应了，并对他办事热心表示钦佩。

十时我们在法院我的办公室里相见，禾卜利芝秘书长拿了一张说明赴华原因的表格，我和老希都签字了。我们三人又详商了些旅行节目，方秘书是老上海，他也来参加了。我们谈得非常高兴，老希自称为"中国的倾慕者"。我们的专机据说除我二人和方华二秘书和驾驶员团体的五个人之外，还有一个哥尔勃特（Lt.Colbert），他将充任我们的侍卫武官（Military aide）。百事都安排妥善，只待总部批准而已。

出法院时我到代表团，因为明思有电话约我见面。我和公亮明思三人商谈了良久，都是关于起诉书中两项有"蒙古人民共和国"字样的问题。

谈论完毕，公亮说添了两样中国菜，留我也在代表团吃饭。饭后我仍是回店小睡。睡醒打拳，看报。旋侍者送来柯尔门（Capt.Coleman）少校关于设置"国际辩护组"（International Defence Section）上麦帅的呈文（他请求修改宪章）。我细看一遍，觉得很无道理。

晚饭后与庭长老卫谈到此事，他也有同感，而且比我还愤慨。他说他准备于明天召集法官会议商讨应付。

老希时时憧憬于中国之游，他找我谈了许久，我们又同去看电影，看完又在酒吧间再谈。我因为太兴奋，遂警告他："希望不要存太高，否则必定要失望的。"他说："无论如何，我是不会失望的！"

十一时分手，我回房休息，继写日记，约十二时就寝。

五月十日　星期五

清晨法院副秘书长恒利上校（Col.Hanney）来电话，说十点钟开临时法官会议。我九时半便去到法院，进门遇见秘书长，他说我和老希的申请专机赴华已经总部核准了，现在已经打电报到中国方面去了。这使我很高兴。美国人办事真够说得上准确，迅捷！

十时开会讨论的完全是柯尔门请呈总部修改法院组织宪章，添设国际辩护组的问题。我们的意思，这事非但不必要，而且荒谬绝伦，因为辩护是被告自己的事情，若由总部设立专组指派主任辩护师（Chief Counsel of Defence），这是一切公平审判原则以及常识所不许的。

讨论时同人意见一致，态度颇为坚决激昂。结果决定要求柯尔门在今天午后三时以前自动撤销他上总部的呈文，否则我们便要向麦帅直接严厉交涉。

散会后我回到饭店。不久，宋德和先生来，说他预备了一点中国菜，请我到他寓所去吃午饭。我们一同去到他的寓所，同住的是四个美国新闻记者。他们的态度都很亲切和蔼。宋先生的日本情形极熟，与美国记者也熟如家人，所以他在东京可以"兜得团团转"。我们吃过饭后又谈了一小时余。他的观察觉得天皇依然有将来被控为战犯或被传作证之可能。他说果然若此，天皇必先逊位。我们又谈了许多国际和国内问题。二时半我辞出回饭店。三时偕方秘书到法院开会。

法官会议开会，首由庭长报告柯尔门先生已经有书面到庭说他已经撤销了他对总部的呈文，但希望今天下午能列席法官会议，说明他所以请求总部设立国际辩护组的原因。我们允其所请，柯先生来了。但是说来说去，他并说不出其所以然来。他退席后，我们讨论，大家感觉非但没有设立专组的必要，而且主任辩护律师由总部或法院指派根本便说不通。那应该是被告自己的事，应予他们以选择的自由。至于柯先生他不过是一个联络被告辩护人员的一个小事务官，名之为"Chief Counsel of Defenee"实在不妥。我曾再三发言，主张这个名称非改不可，同人亦都赞成我的意见。结果我们命秘书长设法改正柯先生的官位名称，以免淆乱听闻。这个节外生枝的 Coleman 事情便算如此告一段落。

法官会议散会后我回饭店休息，看报。罗秘书王将军来谈。因为有回国的可能，我同罗出去到银座各商店蹓蹓，原想买点东西以便带回去。但是因为时间太晚，商店多已关门，遂无结果而回。

晚饭后，与老诺老罗老麦老白四人闲谈良久。他们对我在今天法官会议席上所持坚决态度表示惊异和钦佩。其实我小事不喜过问，但大事我决不放松。我不过问则已，过问我则非坚持到底，无论成败，非得到一点结果不可。

八点四十分老麦邀看电影，不到一小时我便出来了。我仔细校阅了一遍方秘书译的"远东国际军事法院组织法"（按即 Charter——宪章），十一时打拳，写日记，约一时就寝。

五月十一日　星期六

上午九时方秘书罗秘书都来了。罗秘书把抄好的"细则"之译文交来。我把校正了的宪章译稿与方秘书磋商，略加修改便交罗秘书去抄。

我请方秘书去法院看看动静，自己便和罗秘书到神田及银座一带商店逛逛。在三越买了些小赠品，并在中国菜馆会芳楼买了点海味，预备回国带去送亲友的。因为物产太缺乏而且价值奇昂，我买东西的兴致很差，不过略微选了点日本特产，聊事点缀点缀而已。

回到饭店，"中央社"张仁仲先生留有名刺，他已经来访过了。老希来约吃午饭，他对"中国之行"感觉异常兴奋。其余同仁似乎不免酸溜溜似的。这是人情之常，不足深怪。

午睡起来打拳，阅报。旋淡如、明思来谈。

晚饭是和法官们一道吃的（因为不便与明思共餐），桌上还有三个香港来的军官，是老派老诺的客人。他们是随英国军舰来访问的，后天便要回去。

饭后回房里检查近几天的报纸并将要闻剪下。十时偕老诺到饭厅舞场看表演，是日本人模仿西洋歌舞，但并不惟妙惟肖，加上体格的不匀适，更不足动人。

回寝室做日记，洗澡，约十二时半就寝。

五月十二日　星期日

打开报纸一看，有英国太平洋舰队总司令福拉塞（Frazer）海军上将招待新闻记者谈话情形，他说中国人民都愿英国保持香港。"中央社"记者张仁仲君当场与他大事争辩，总算勇敢露脸，可以稍微纠正这班帝国主义白人至上者的信口胡说。

九时我到代表团去谈谈，因为是星期日，大家都见了面。十时余我回饭店，整理了一下几种文件，并为张仁仲找到一点关于法院诉讼程序的材料。公亮来电话叫我去吃饭，因为代表团今午做了一两样中国菜，我去吃了，但不感觉高明。三时至四时小睡，淡如和赫夫上校都告诉我，说缅甸战将、新一军军长孙立人将军来了，就住在帝国饭店一楼第10号。我正要下楼去拜访，他已经偕淡如和曾副官到了我的房里。我叫了些茶点，大家畅谈一番。我和孙将军见面是恰恰二十年以前（1926年夏季，他在美国 V.M.I. 军校念书，我和旸春叔同去看他）。从此各奔前程，见面缘悭，屈指一算已经是一世了。谈谈往事，谈谈当今，令不胜今昔之感。

七点公亮请立人在京华酒家吃中国饭，自然少不了我陪，觐鼎、明思、淡如、歌川均在座。菜极丰富，为我抵东京后第一次最"过瘾"的。我们且吃且谈，而且无话不谈，席散时不知不觉已经十点了。

回饭店打拳，做日记。明天开庭预料必是紧张的一天，我很想早睡，但肚子太饱，不甚瞌睡，上床时又快近一点了。

这几天来东京真热闹。胡佛去后，艾森豪威尔元帅又来了（今晨艾帅阅兵，公亮亦参加）。此外英国海军司令福拉塞，美国对日赔款委员会主席保莱（Pauley）也在东京。可惜我国正在闹内战，太不争气，否则名驰全球、功播印缅的孙立人将军还不是照样可以大露锋头吗？写至此，我不禁为我国国际地位之日趋堕落悲，我真要投笔三叹了！

五月十三日　星期一

今天九点半钟开庭，观众特别踊跃，尤其是日本人多，大概他们以为被告的动议（法院管辖权的问题）有很大的关系吧！孙立人将军来到参观，坐"贵宾席"，我仍旧是派罗秘书招待。淡如和立人的副官曾君亦到场。

最先是由被告律师代表清濑一郎就前天提出的书面申请加以发挥。这位老先生从容不迫，翻来覆去，加上说一段译一段，他一个人已经占了一小时半。说话虽多，但说来说去，并无比书面新颖之处。引经据典，不过仍旧是说明宪章规定处罚发动侵略战争和违反和平及人道之罪是超乎波茨坦宣言（Potsdam Declaration）范围之外，而且不是投降书的条件所许。他认为日本投降是有条件的。他这论点，据我看来，很不坚实。

庭长宣告休息十分钟。法庭复开时，季南开始答辩，他读他准备好的大文章。不到十分钟，老卫便干涉他，问他是否必需用这些修辞学上的大名词（rhetorical phrases）。季南颇怒，盛气答复。他仍继续念下去，引证斯大林、罗斯福的名言时，老卫又故意干涉他，说他的演说太富火性（inflammatory）。季南又怒，仍强辩，法庭毕竟让他讲完了，但他已感很失面子了。我一再向老卫示意，不应干涉。我觉得老卫太意气用事了。或许他对季南根本有点不对劲。但这不是报复的场合。

十二时休庭，午后一时半再开。我赶忙回饭店午餐，假寐了十分钟，便又同方秘书到法院去了。

一点半实在不是一个好时间，尤其是对我；但是观众仍是满座。

季南介绍英国陪席检察官卡尔（Carr）就另一方面答辩。卡尔读论文似的把他的答辩书读了一遍，大约费了四五十分钟。材料比较具体充实。季南的是向世界的演说，卡尔的是向法庭提出的辩证。可惜卡氏诵读的技术不甚高明，英国 accent 口音听了讨厌，至少对我是如此（我这几天内心反英潮浪很高）。

休息十分钟，开始读卡尔答辩书的日译，我把黑眼镜带上，几乎要打瞌睡了。读完，清濑又来反驳，这老头滔滔不绝但并无新颖之处。老卫除笑他不懂有条件无条件投降之区别之外，并未加以制止或干涉。

及至清濑要引用杜鲁门总统今年正月间的演说时，季南忍不住了，他坚决向庭上抗议。老卫似乎成见太深，竟不问抗议理由安在，而向季南说："刚才你引罗总统的话可以。何以现在引杜总统的话便不可以呢？"季南愈愤，他本是红脸红鼻，至此更红，几乎要发紫了。他愤然说："我引的是波茨坦会议以前的话，可以解释会议时大家对于战犯的了解。杜总统今年正月的演说，与本题有何关系？我不是要区别或歧视说话的是谁。"老卫自己理屈，故意向左问我，又向右问老希，是否应该接受季南的抗议。我坚决主张接受，老希亦然。于是他也只好停止清濑发言。

今天太紧张了，气炉开得又热，我衣裳穿得又多，几乎有点头晕了。好在马上便宣告散庭。

回饭店吃茶点，小睡。到合作社买点东西，预备带回去做赠品。

在法官桌子上同吃饭时，我很露骨地向老麦老罗老白老诺表示对老卫今天的态度不满。

公亮来，大家在立人房里谈天。九时我回房写两封信托立人带去。记日记。

附　录

"生死权之一票"
——远东国际法庭十一国法官素描

"打官司第一是证据，第二是证据，第三还是证据。"

远东国际军事法庭自前年（一九四六年）五月三日正式开庭以来，百分之九十的时间都是用在检被两造向法庭提供证据上（包括证人证物）。

检察方面自前年六月四日起至去年二月三日止，提了足足八个整月。

被告方面提证自去年二月二十四起至今年一月十二日止，其间除暑期休息一个半月外，又是九个多月。

自今年一月十三日起至二月十日止，检被双方补充提证，又提了近一个月。

十八个月来双方所提证件共达三千九百余件之多，出庭证人在四百以上，书面证人一千五百余。

被告律师五十余人，美日籍各半，每一被告至少有美日籍律师各一名。

检察官（即检方律师）曾出庭者有七十余人之多，美国人占半数以上，其他十国自一二人至五六人不等。

全部开庭记录近四万页，较之纽伦堡超过一倍有奇！为有史以来空前之盛大、复杂、漫长的审判。

但是现在已近尾声了，至少看得到尾巴了。自二月十一日起，开始举行了"最后辩论庭"（Final Argument Session），由检被双方将早已准备好了的书面"综合辩论状"（Summations）向庭上宣读。检方的约一千五百页，已经宣读完毕（三月二日）。被告的较长，据说有约二千五百页，已开始宣读，大约本月下旬始能全部宣读完毕。

最后辩论庭完毕，公开讯审即告了结，法庭闭庭。由十一国法官开始举行秘密的评论会议，衡量双方证据，决定战犯刑处，撰拟判决书，然后定期正式宣判。

法官评论会议需要多少时日，虽无法预测（据说大约要两个月），但审判愈接近尾声，这十一位操生杀大权的法官们愈为人们所注意。

他们到东京大都已经两年以上了。庭长（澳）、英、荷、加、新法官到得最早，中、法、苏、美次之，菲、印最迟。我国法官梅汝璈博士是前年三月间到的，也有两整年了。但是外间对他们知道得很少。

在东京，他们是一个特殊而带神秘性的集团。虽然每天在法庭晶亮的水银灯下总看得见这高踞审判台上、穿着法衣、表情严肃的一排人，但是他们的学识、思想、见解，乃至于生活、习惯、嗜好如何，外界始终无法详细知晓，原因是他们下庭以后便回到帝国饭店，自成集团，除非特别的国际外交性的庆典宴会，他们是不轻易与外界人士接触的。"与世隔绝""守口如瓶"（尤其是对于案情）似乎是他们的"教条"。

盟军总部对这十一位国际法官是特别优待的。他们每人在帝国饭店都有三间套房，每人都有一部专用汽车，由美国军曹驾驶。逢有盛大集会典礼，他们是必定被邀的贵宾。

他们在法庭里保卫森严，侍应周到。每人两大间办公室，冷热气设备都有，用餐可以由下女送到房里来。

唯其这样物质舒适，使这一群人与外界的接触愈少。他们午前九时一辆一辆汽车由帝国饭店到法庭，午后五时又一辆一辆汽车由法庭回到饭店去。每天上下午各开两庭，正衣端坐五六小时，确是苦事。回到饭店，除了休息、谈笑和浏览案卷记录以外，他们确实也没有精力多与外间接触。有一位法官对记者说：我们的生活是非常机械的。但是，人们依然感觉他们神秘。

天下事很奇怪，愈神秘，人们愈想知道。

在前年春天，这十一位法官先后"惠然莅止"的时候，东京各报对他们的履历曾有过一番介绍，但多语焉不详。最近两年，报纸上虽然时常可见他们的照片，但迄今少有文字描写。最近因为讯审渐完，判决不远，东京报纸对这握有"生死权之一票"的一群人很想多能有些报道。但迄今为止，记者还没有看见一篇有系统、满意的记载。

我国人士对于东京审判一向很注意，但对远东国际法庭握最后生杀大权的十一位法官，似乎知道得还不多。记者因此，特就各方面所搜集和打听的一些资料，希望对这群神秘的人物能凑成一篇比较有系统的素描。

先从庭长说起。

1. 庭长韦白爵士（Sir William Webb）

澳大利亚人，身体魁梧，精神饱满，富于魄力。他是十一国法官中最早到达东京者，据说盟军总部驻扎澳洲时，他便与麦帅有交谊，所以一到东京便被总部任为庭长。

韦白爵士原为澳大利亚联邦最高法院六大法官之一，有三十年审判刑事案件的经验，态度严肃，语言锋利，压得住台。个性相当坚强，但不顽固。常常批评或申斥被告律师及检察官，佼佼大者如：将被告律师、美国人Smith革职；为天皇责任问题痛斥检察长季南，弄得面红耳赤。因而检被双方对他都有戒心。被告方还因他曾任澳大利亚日本战犯调查委员会委员长的身份对他进行攻击。

六十三岁。爱打高尔夫球及旅行，常与驻日美军八军的 Eichelberger 将军比赛。太太同在东京，夫妇都是虔诚天主教徒，每周日上午必赴教堂礼拜。

2. 中国法官梅汝璈（Ju-ao Mei）

梅博士是我国知名的法学威权，不用多事介绍。

坐于庭长之左，为法官中第二把交椅。这个位置不但引人注目，且便于与庭长接触，系经明争暗斗而来，得之不易。

周末亦好郊外旅行，不会打高尔夫球，但每日两次打太极拳，这是他五六年前得肺炎痊愈后养成的习惯。且梅氏为法官中唯一不饮酒之人。

去年国内的大选，梅氏是"立法委员"候选人。他虽未回乡参加地方竞选活动，但结果南昌市民还是把他选上了，而且得票独多，说明人心所向。

四十四岁，除较荷兰法官长两岁外，为另十人中最年轻者。但梅氏之头脑敏锐和办事认真颇为其同事间所称道。

3.美国法官克莱墨将军（Gen.Myron Cramer）

身材矮小，为美军人中所罕见。坐庭长右手，进出与我国法官排为一对，身材高度相若，谑者称为"佳偶"。

年六十八岁，为十一人中最高龄者。

夫人亦在东京，形影不离，伉俪情深。夫妇均嗜酒。夫人每日必到庭旁听，风雨无阻，迄不间断，有"特别助理"之称。

年高，不好运动，亦不打高尔夫球，但喜散步皇宫广场，及观看各种球赛。每有重要比赛，此老必在场，聚精会神，有时且不禁高声欢呼，兴致勃勃。

4.英国法官派曲克勋爵（Lord William Patrick）

来自苏格兰，在英国法学界地位甚高，学问见解超人一等，头脑聪颖，记忆力甚强，为远东国际法庭柱石之一。

年六十，迄未娶妻，是法官中唯一之独身。谑者说他无家室妻子之劳神，故学问思想得精进而光大。

派氏对一般人静默寡言，不好交际，非极重要之国际集会，向不出席。嗜酒而不多饮，每傍晚邀二三同事小酌于帝国饭店酒吧间，相对清谈，娓娓不倦。

不好运动，仅观花散步以自娱。

5. 苏联法官柴扬诺夫将军（Gen.Ivan Zaryanov）

曾任二十八年军法官，现为红军军法学校校长，地位甚高。身材结实、粗壮。不通英语，译员形影不离。善诙谐，语言幽默，言必逗人发笑，与一般严肃沉默之俄人大不相同。

他坐于我国法官之左手，每至审判有趣时，常相顾做一会心微笑，有时且交头接耳，若有所恳谈。观者以为非我国法官精通俄语，必苏法官知晓华文。实则大大不然。记者有一次遇我国法官询及此事，他说：我们除了两手作势、眉目传神之外，仅"Yes""No"而已。

据说他的学问很博，不过普罗阶级的法律观念总有点特别，与一般英美法系或大陆法系都不相同。所以会议时他虽滔滔不绝，其他十位总觉有点"格格不入"。

柴氏好打猎，每周尾必往郊外，饱载野鸡而归。且颇好客，常召同事聚饮，有时并以 Vodga 美酒及野鸡分赠他们。

年五十五岁，但望之若四十余之人。

6. 加拿大法官麦杜哥（Edward MacDougall）

加拿大皇家法院刑庭首席法官，审判经验丰富，学问很好。

为人和蔼可亲，在法官争辩中排难解纷，常起中和调剂作用。

喜饮酒，但不常醉。对酒类颇有研究，鉴别力亦强，故有法庭"酒吧总管"绰号。不嗜旅行，偶尔打高尔夫球，但最喜看影戏。每遇有佳片时，帝国饭店楼下小戏院中必有此公在座。

年六十三，模样不出老，望之若五十许之人。

7. 法国法官贝奈尔（Henri Bernard）

中等身材，近视甚深，是比较不为人们所注意的一位法官。英文不好，但说话不用通译，故很难懂。

贝氏战时从军，为戴高乐派之健将。他的法律思想虽非守旧，但有时非常奇特，令人捉摸不定。

贝氏性情沉静，却好跳舞，步伐入时，是法官中跳得最多最好的一个。生长巴黎，毕竟不同。周末亦喜赴乡间旅行，与镰仓某法国神父交谊綦厚。由神父之介绍，收了两个干女儿。

年五十，夫人仍在巴黎，贝氏转战海外，自二次欧战起迄未见面。贝氏每与人谈及，若不胜其感慨者。审判拖得如此之长，更使此公乡思难耐了。

8. 荷兰法官罗林（Bernard Röling）

年纪最轻（四十二岁），但满头灰白发，望之若五十许之人，其引为憾事。

罗氏人极聪颖，博学强记，为荷兰大学名教授。年纪虽最轻，但他的法律思想却顽固守旧，服膺老派传统学说，常与多数法官发生争持，是少数派的中坚分子。

身材颀长，是十一位法官中最高者。嗜跳舞，好音乐，善拉 Violin。曾召朋友开"个人奏演会"一次，博得彩声不少。

罗氏除精通国际法外，对文学亦造诣颇深，尝有论莎士比亚戏剧专书问世，堪称多才多艺之风流教授。

9. 新西兰法官诺司克罗夫特（Erima Northcraft）

诺氏为前年抵日最早之一人，故当韦白爵士被任为庭长时，诺氏曾一度任副庭长。后以组织法无此名目，遂归取消。

诺氏年六十四岁。原任新西兰最高法院大法官，态度雍容，语言沉着稳重，有"标准法官"之概。故当外埠重要证人因病不能到庭，诺氏每被派为"受命法官"，带同一班人马前往讯问，录取口供。

诺氏嗜酒，但不多饮。喜清谈，谈起来滔滔不绝，娓娓忘倦。周末亦常赴郊外旅行，好在阳光中散步，偶尔亦打高尔夫球。闻诺氏每晚必与远在新西兰的夫人写一封信，伉俪情深，其他十位均自叹弗如。

10. 印度法官巴耳（Radhabinod Pal）

幼年丧父，发愤读书，由数学教授改习政治法律，得法学博士学位。曾任加尔各答大学教授及副校长。1937年海牙国际法学会年会，巴氏任副主席，为印度法学界之权威。

巴氏法学虽好，且极用功，但思想颇守旧，其法律观念是法官中最为保守者，较之荷兰及法国法官尤甚。讨论问题时常与其他法官激烈争辩，俨然是少数派的领袖。将来判决书付表决时，此公必持异议，单独发表一篇冗长的"少数报告"（在英美法上，法官不同意时是可以个人发表意见书的）。

巴氏身体魁梧，行动迟缓，不好运动旅行，亦不好应酬交际。下庭后辄闭户读书，手不释卷。

夫人在印常生病。巴氏因妻病告假回印探亲已经两次，缺席共四个多月，此外自己亦常因病告假，为十一位法官中缺席最多者。

11. 菲律宾法官哈那林拉（Delfin Jaranilla）

菲律宾独立前任马尼拉大学教授，临时共和政府时任司法部长。菲独立后改任最高法院大法官兼副院长。

哈氏参加过 Battaan Death March（巴丹死亡行军），为法官中唯一直接受难者。

年六十六岁，仅次于克莱墨将军，为法官中次长者。但精神甚佳，喜下棋及打高尔夫球。曾从菲律宾把妻女接来，但夫人以习于热带气候，时常生病，引以为苦。

哈氏最好交际，常举行盛大酒会、餐会及舞会招待友人。在十一位严肃恬静的法官中独有交际家之称誉。

以上是十一国法官的素描。虽不详尽，但大体轮廓有所勾画。

"司法独立""裁判自由"是天经地义，外间对于这十一国法官如何表决，不得干涉，不得影响。其实，他们也不会受到外间干涉影响的。

而且，"捉贼要赃，捉奸要双"，法庭的裁决必须根据确凿之证据；外间的宣传、批评，对这些修养有素的法官们亦不至有所影响。

但是，我们站在受日本侵略最深最久的国家人民立场，极端希望这十一位资深望重的法官运用他们最高的法律智慧，发挥他们最强烈的正义感，使这班人类的蟊贼、和平的敌人，在庄严的国际法律正义制裁之下，无所逃脱，也使未来野心家有所戒备。根绝侵略，保障和平——这责任何等重大，这使命何等神圣！

特别是在这新的侵略潮浪又在酝酿，一批一批的重大嫌疑战犯从监狱里以不起诉处分而被释放的时候，人们对于东京审判的结果更怀着莫大的猜疑与期待！

远东国际法庭的法官们，你们最近将成为世界上最受人注意的人们。你们的决定对于未来的世界历史是有决定性作用的。

——可敬的法官们，请珍视你那对将来世界历史有决定性作用的"生死权之一票"！